C. G. 융
심리학과 종교
PSYCOLOGY & RELIGION

심리학과 종교(개정판)

2022년 3월 25일 · 개정판 3쇄 발행

지은이 · 칼 융(C. G. 융)
옮긴이 · 이은봉
펴낸이 · 이규인
펴낸곳 · 도서출판 **창**
등록번호 · 제15-454호
등록일자 · 2004년 3월 25일

주소 · 서울특별시 마포구 대흥로4길 49, 1층(용강동, 월명빌딩)
전화 · 322-2686, 2687 / 팩시밀리 · 326-3218
홈페이지 · http://www.changbook.co.kr
e-mail · changbook1@hanmail.net

ISBN 978-89-7453-188-1   03180

정가 10,000원

* 잘못 만들어진 책은 <도서출판 **창**>에서 바꾸어 드립니다.

  * 이 책의 저작권은 <도서출판 창>에 있습니다.
    저작권법에 의해 보호를 받는 저작물이므로
    무단 전재와 복제를 금합니다.

C. G. 융

심리학과 종교
PSYCOLOGY & RELIGION

칼 융 지음 / 이은봉 옮김

창
Chang
Books

국립중앙도서관 출판시도서목록(CIP)

심리학과 종교 / 지은이: 칼 융 ; 옮긴이: 이은봉.
-- 개정판. -- 서울 : 창, 2010   p. ;   cm
원표제: Psychology & religion
원저자명: Carl Gustav Jung
ISBN 978-89-7453-188-1 03180 : ₩10000
심리학[心理學]
종교(신앙)[宗敎]
181.38-KDC5
154.2-DDC21   CIP2010003339

▦ 머리말

　'종교가 무엇이냐' 하는 문제를 심리학적인 측면에서 이야기할 수 있는 책이 우리에게 꼭 필요하다는 것은 두말할 필요도 없다. 융의 『심리학과 종교』라는 책은 그런 면에서 매우 적합하다. 심층심리학의 대가인 융이 본격적으로 종교만을 다루고 있는 책이요 또한 미국에서의 강연 내용이기도 하여 비교적 쉬운 접근을 하고 있다고 여겨지기 때문이다. 그러나 쉽다고 하는 것은 무의식을 다루는 심층심리학적인 입장에서 비교적 쉽게 서술되었다는 뜻이지 실상 일반인들이 읽기에 만만하다고 말하는 것은 아니다. 그러나 인간의 무의식을 분석하는 내용이 아무리 일반인들에게 생소한 것이라 할지라도 거기에 엄청난 진리가 들어 있는 것이 사실이라면 우리는 그것을 이해해보도록 노력을 기울여야 할 것이다. 여기에는 물론 종교를 공부하는 사람들이 깊이 새겨보아야 할 주제들이 많이 들어 있다.

　특히 이 책은 심리학적인 측면에서 종교의 문제를 다루고 있다. 종교의 입장에서 심리학을 보는 하나의 방법이 있을 수 있겠지만 이 책은 어디까지나 종교현상의 심리적인 측면 혹은 심리적 차원의 연구를 하고 있다. 종교라는 현상은 지극히 다양한 복잡한 요인들이 포함되어 있어서 여러 방면에서의 연구방법이 있을 수 있지만, 그러한 다양한 종교현상 가운데서도, 특히 심리적 차원에 초점을 맞춰 분석·고찰하는 것이 종교심리학이라는 분야이다. 그렇기 때문에 어디까지나 경험론적이다. 종교현상에 대한 가치판단이 아니고 그 현상 속에서 발견되는 심리적 현상을 확인하고 있으므로 신이라고 하더라도 그 신이 우리의 마음 가운데서 어떻게 인식되고 있는가 하는 데 초점을 둘 수밖에 없다. 이러한 태도에 대해서 어떤 사람은 심리주의 혹은 심리적 결정론이라는 이름으로 특히 종교와 관련해서 논하는 심리학적인 접근을 얕잡아보려는 경향이 있었던 것도 사실이다. 그러나 이러한 태도나 비평은 융에게 타당한 것 같지 않다. 우리는 어쨌든 마음 속에서 인식할 수 있는 범위 내에서의 종교현상이나 신의 인식을 할 수밖에 없다는 태도를 취할 때에 융의 경험론적인 분석은, 모든 종교적 인간(homo religiosus)들이 교파나 문화의 차이나 사회계층의 차이를 초월해서 받아들이고 스스로 생각해보아야 할 것이 아닌가 한다.

  융의 이러한 분석들을 접하면서 우리는 의식의 오만에 빠져 있는 현대인 하나가 변화되어야 할 개체들이라는 것을 절실히 느낄 수 있다. 우리의 내적인 변화는 설교를 통해서 가능해지는 것이 아니라 우리의 그림자를 정직하게 들여다 봄으로써 가능하다. 융의 분석심리학 가운데에는 우리를 변하게 하는 힘이 있다고 믿는다.

  이러한 이유 때문에 이 책을 선택하고 번역하기에 이르렀다. 종교의 여러 사변적이고 추상적인 개념들이 이 책에서는 살아 있는 인간의 경험을 통하여 이야기되고 있다는 것도 이 책의 매력이다.

이은봉 씀

차 례

◆ 머리말 ··· 5

제1장 무의식의 자율성;
　　　The Autonomy of the Unconscious Mind ············ 11

제2장 도그마와 자연적 상징;
　　　Dogma and Natural Symbols ······················· 67

제3장 자연적 상징의 역사와 심리;
　　　The History and Psychology of a Natural Symbol ········· 123

【주(註)】 ·· 189
　1. 무의식의 자율성 / 189
　2. 도그마와 자연적 상징 / 195
　3. 자연적 상징의 역사와 심리 / 203

제 1 장

무의식의 자율성

The Autonomy of the Unconscious Mind

1. 무의식의 자율성

The Autonomy of the Unconscious Mind

　예일대학의 위촉으로 나는 1937년에 테리강좌(Terry Lectures)를 담당할 영광을 가졌었는데, 이 강좌 창설자의 처음 의도는 자연과학, 철학 및 그 밖의 인간 지식의 각 분야를 대표하는 사람들에게 각각 전문적인 입장에서 종교라는 영원한 문제에 대하여 해명하도록 하는 것이었습니다. 나에게는 심리학(더 정확히 말하면 내가 전문으로 하고 있는 의료심리학〈醫療心理學〉이라는 특수 분야)과 종교는 어떤 관계에 서 있는가, 혹은 심리학적 입장에서 본 종교는 어떤 것인가를 밝히는 것이 주어진 과제였다고 생각합니다. 종교는 인간의 마음의 표현형식이라고 보면, 가장 오래되고 가장 일반적인 것 중의 하나였다고 보는 것은 의심의 여지가 없습니다. 그 때문에 인격의 심리적 구조를 연구대상으로 하는 심리학이 어떤 심리학이었든지간에, 최소한 종교는 사회학적, 역사적 현상일 뿐만 아니라 많은 사람들에게 있어서는 중대한 개인적 사실의 어떤 것과 관련되어 있다는 사실도 자명한 일입니다.

나를 보고 가끔 철학자라고 부르는 사람도 있지만, 나는 사실상 임상의사이며 그 때문에 나는 현상학적 입장을 떠날 수가 없습니다. 그래서 만약에 경험적 자료의 단순한 수집이나 분류의 범위를 넘어서서 고찰하려고 하더라도 나는 그것이 과학적 경험론의 근본 원칙에 저촉되는 것은 아니라고 믿고 있습니다.

사실상 나는 반성적인 고찰을 거치지 않은 경험이라는 것이 가능하지 않다고 믿고 있습니다. 왜냐하면, 〈경험〉은 일종의 동화과정(同化過程)인데, 이해라는 인간행위도 그 동화과정 없이는 성립되지 않기 때문입니다. 이 말이 가르쳐 주는 바대로 심리적 사실을 관찰할 때의 나의 입장은 철학적인 것이 아니고 자연과학적인 것이라는 것을 이해할 수 있을 것입니다.

종교라는 현상이 극히 중대한 심리적 측면을 가지고 있는 한에서 나는 이 테마를 순수하게 경험적인 입장에서 고찰하려고 하고 있습니다. 즉 나는 스스로 현상을 관찰하는 데 국한하고 있을 뿐이고, 형이상학적이거나 철학적인 고찰방법을 사용하고 있는 것은 아닙니다. 나는 다른 고찰방법이 타당성을 가지고 있다는 것을 부정하는 것은 아니지만, 나로서는 나의 전공 밖의 방법을 정확하게 적용하는 데 자신이 있다고 말할 수도 없습니다. 그리고 심리학이라는 것에 대하여 대부분의 사람들은 스스로 모두 잘 알고 있는 듯이 믿고 있다는 사실도 잘 압니다. 왜냐하면, 그 사람들은 심리학이란 자기 자신에 대해 아는 것 외에 아무것도 아니라고 생각하고 있기 때문입니다. 그러나 나는 심리학에는 그보다 더 많은 내용이 들어 있다고 봅니다. 심리학은 철학과는 별로 관계가 없는 대신에 심리학을 이루고 있는 많은 부분이 일상 경험으로는 쉽게 접근할 수 없는 경험적 사실에 많은 관심을 가지고 있습니다. 이 책에서 말하려고 하는 나의 의도는 최소한 종교의 문제와 직면하고 있는 임상심리학이 어떤 태도를 취하는가에 대하여 약간의 시사를 주려고 하는 데 있습니다. 세 번에 걸친 이 강의로 이 큰 문제 전체를 남김없이 다 다룰 수 없다는 것은 자명한 일일 것입니다. 구체적인 사실에 이르기까지 필요한 논증을 하는 데에는 많은 시간과 설명이 필요합니다.

　이 책의 제1장에서는 임상심리학의 근본문제와 임상심리학과 종교 사이에 존재하는 여러 관계에 대하여 서론적인 설명을 하고, 제2장에서는 무의식 가운데에 순수한 종교적인 기능이 존재하고 있는지를 확증하는 여러 사실들을 논하고, 제3장에서는 무의식 과정 가운데에 나타나게 되는 종교적 상징의 문제를 논하려고 생각합니다.

내가 여기서 말하려고 하는 것은 일상적인 상식으로는 이해가 안 되는 문제에 들어가고 있기 때문에, 여러분들은 한 전문가로서 내가 말하고 있는 심리학의 방법론적 입장을 충분히 알 수는 없다고 생각합니다. 나의 입장은 철두철미하게 현상학적 입장을 취하고 있습니다. 즉 내가 대상으로 하고 있는 것은 현상이나 사건이나 경험, 요컨대, 사실에 국한하고 있습니다. 이런 입장에 서서 말하는 진리는 사실이며 판단이 아닙니다. 예컨대, 동정녀 마리아를 통한 그리스도의 탄생이라는 모티브가 있다고 할 때, 심리학은 그러한 관념이 있다는 사실에 관심을 가질 뿐이지, 이러한 관념이 어떤 의미에서 진실이냐, 거짓이냐, 하는 문제에는 전혀 관심을 갖지 않습니다. 그러한 관념이 존재하고 있는 한에서 심리학적으로 그 관념은 진실이라고 말합니다.

심리학적인 존재는 그 관념이 단지 한 개인 안에서 생겨나고 있는 한에 있어서 주관적이라고 할 수 있습니다. 그러나 그 관념이 〈일반적 합의(consensus gentium)〉에 의하여 한 사회 전체에 걸쳐 설립되었을 때에는 객관적인 것이라고 말할 수 있습니다.

이러한 입장은 자연과학의 입장과 동일합니다. 예컨대, 동물학은 여러 상이한 종류의 동물을 다루는 데 대하여 심리학은 같은 방법으로 여러 관념이나 정신적 내용을 취급합니다. 코끼리가 진실한 것은 그것이 존재하기 때문입니다. 코끼리는 어떤 조물주의 논리적 결론도 아니고, 어떤 진술도 아니고, 어떤 주관적 판단도 아닙니다. 명명백백한 현상으로서 거기에 있는 것뿐입니다. 그러나 우리는 심리적 사건이란 하나의 억측이며 자의적인 산물이고, 인간조물주의 산물이기조차 하다는 관념에 익숙해 있습니다. 인간의 심리와 그 내용이란 결국 우리 자신의 자의적인 발명물 외에 아무것도 아니고, 여러 추측이나 판단의 공상적인 산물에 불과하다는 선입견으로 가득 차 있습니다. 이러한 견해로부터 우리 자신을 해방시킬 수 없다는 것도 사실입니다. 그러나 사실이란 무엇이냐 하면, 어떤 관념이 거의 어디에나 존재하고, 어느 시대에나 존재할 때에, 그리고 전승이나 전통과는 관계없이 그 관념들이 자동적으로 자기 속에서 창조되어 나와질 때에 나타나게 되는 것입니다. 이 관념들은 개인의 힘에 의하여 만들어지는 것이 아니고 차라리 우연히 생겨나는 것이라고 할 수 있습니다. 즉 관념들은 개인의 의식 가운데로 암암리에 침입한다고 할 수 있겠습니다. 이 말은 지금 어떤 플라톤적인 관념철학 위에서 논의하는 것이 아니고 경험적 심리학이 가르치는 바탕 위에서 하는 것입니다.

　종교에 대하여 논하기 전에 먼저 나는 종교라는 말이 어떤 의미로 사용되고 있는지를 분명히 밝히지 않으면 안 되겠습니다. 종교는 라틴어의 어원 religere가 의미하는 바와 같이, 루돌프 오토(Rudolf Otto, 1869~1937: 신학자, 종교철학자)가 적절하게 이름붙인 말 '누미노즘'(Numinosum: 원래의 뜻은 '神의 의지에 의한 것', '神的인 것'―역주), 즉 일종의 동적(動的)인 존재 내지 작용(作用)이며 자의적인 행위에 의하여 야기되는 것이 아니라고 하는 신중하고 양심적인 관찰이 있습니다. 그런데 반대로, 그 작용하는 힘은 주체인 인간을 사로잡고, 지배하며, 인간은 항상 그 작용의 창조자라기보다는 희생자가 되는 것입니다. 누미노즘은 그것이 어떤 원인에 의해서 생겨나는 것이든 간에 주체인 인간에게는 자기의 의지로 어찌할 수 없는 조건인 것입니다. 어떻든 종교의 가르침이나 〈일반적 합의〉가 언급하는 바에 따르면, 항상 어디서나 이런 종류의 제약은 개인의 밖에 있는 존재에 그 원인을 돌리는 것으로 설명되고 있습니다.

　누미노즘은 눈에 보이는 어떤 객체가 지니고 있는 성질이거나 혹은 인간의 의식에 독특한 변화를 가져오는 눈에 보이지 않는 존재의 영향입니다. 최소한 일반적으로는 이렇게 말할 수가 있겠습니다.

그러나 계율을 실행한다든가 의식(儀式)이라는 문제에 이르게 되면, 거기에는 어떤 예외가 생겨납니다. 즉 고의로 누미노즘의 효과를 내게 할 목적으로 행하여지는 의식도 많이 있습니다. 신을 부른다든가, 주문을 외움, 희생, 명상, 그 밖의 요가수행, 여러 가지 방법으로 자신의 육체에 고통을 가하는 것과 같은 주술적 성격을 띤 고안물들을 수단으로 하여 행해집니다. 그러나 이러한 행위의 밑바닥에는 인간의 외부에 존재하는 객관적인 신적 원인에 대한 종교적 신앙이 전제되어 있습니다. 예컨대, 가톨릭교가 성사(聖事)를 베푸는 것은 신자들에게 정신적인 축복을 주기 위해서입니다. 그러나 이 의식(儀式)의 궁극의 목적을 말한다면, 분명히 주술적 과정을 통하여 신의 〈은총〉의 현존을 가져오게 하는 것일 것입니다. 즉 성사의식 가운데에 신의 은총이 나타나게 하는 것은 그 누구도 할 수 없는 일이기는 하겠지만, 그럼에도 불구하고 신의 은총은 성사 가운데에 필연적으로 〈현존〉한다고 믿고 있습니다. 왜냐하면, 성사는 신이 정해 준 제도이며, 만약 이 제도를 지지하는 의지를 갖지 않으면 신이 이 제도를 정해 주지 않은 것이기 때문입니다.[1)]

나에게는 종교란 인간정신의 어떤 독특한 태도로 보여지는데, 종교는 라틴어로 religio라고 하는 말의 본래의 사용법과 일치하여 형성되고 있습니다. 즉 어떤 종류의 동적 요인을 신중히 고려하고 관찰한 것으로서, 그 동적 요인은 힘, 정령, 악령, 신, 법률, 관념, 이상 등 인간이 이 세상에서 발견한 힘있고, 위험하고, 도움을 주는 것이라고 생각한 것들이거나 경건하게 숭배되고 사랑받을 만큼 위대하고, 아름답고, 의미있고, 이러한 요소들에 주어진 이름들을 말합니다.

영어에서는 어떤 목적에 열광적으로 관심을 가지는 사람을 "저 사람은 자기 일에 거의 종교적인 열정을 바치고 있어(that he is almost religiously devoted to his cause)"라는 말을 쓰고 있습니다. 예컨대, 윌리암 제임스(William James, 1842~1910)는 "과학자는 어떤 신앙을 가지고 있지는 않지만 그 기질은 경건하다."라고 말하고 있습니다.[2]

내가 여기서 분명하게 말하고자 하는 것은 〈종교〉라고 하는 말이 하나의 신경(信經: creed)을 뜻하고 있지는 않다는 것입니다.[3] 그러나 종교의 고백이라는 것은 모두 일면에 있어서는 누미노즘 체험에 그 근원을 두고 있는 동시에 또 다른 면에서는 이른바 그리이스어로 피스티스(pistis: 信仰), 즉 누미노즘적 효과를 가지게 되는 어떤 특정한 체험 및 그로부터 결과한 의식의 변화를 향한 충성심, 신뢰, 신앙에 유래한다고 말할 수 있습니다. 바울의 회심(回心)은 이에 대한 가장 좋은 예가 되고 있습니다.

그러므로 〈종교〉는 누미노즘 체험을 통하여 변화를 하게 된 의식에 독특한 태도를 가리키는 말인 것입니다.

신경(信經)은 근원적인 종교적 체험을 모아서 편집하고 교의화(敎義化)한 것입니다.[4] 이때 그 체험의 내용은 신성한 것이 되고 융통성이 없는, 가끔 복잡한 구조를 가진 사상체계 가운데로 응고하는 것이 보통입니다. 근원적인 체험을 실행하고 재현(再現)하다 보면 하나의 의식(儀式)이 되고 불변한 제도가 됩니다. 이것은 반드시 근원적인 체험이 생명없이 형해화(形骸化)되는 것을 뜻하지는 않습니다. 반대로, 이 살아 있는 의식이나 제도는 몇 세대 동안 무수한 사람들을 위해서 순수한 종교적 체험의 형식들이 되었고, 더욱이 그 형식을 변경할 만한 어떤 필요성이 생겨나지도 않는 것입니다. 비록 가톨릭 교회가 이따금 그 특별한 완고성 때문에 비난을 받기는 해도 가톨릭 교회에서는 교의(dogma)가 살아 있으며 그 표현형식에 있어서도 어떤 의미에서 변경이나 발전의 여지가 있음을 인정하고 있습니다. 도그마의 수도 한정된 것이 아니고 시대의 흐름에 따라 증가될 수 있는 것입니다. 의식에 대하여도 사정은 같습니다. 모든 변경이나 발전은 근원적인 체험을 구성하는 여러 사실의 구조 안에 국한하여 행해지고 있고, 그런 한에 있어서, 도그마의 내용이나 감정적 요소에도 그 특색이 나타나고 있습니다. 프로테스탄트도 그

교리적 전통이나 일정한 형태에 매인 의식으로부터 자기를 거의 무한정 해방시켰고, 그 결과 400개의 교파가 넘을 정도로 분열하였지만, 그러한 프로테스탄트라도 최소한 자기들이 크리스챤이라는 범주를 벗어난 것은 아닙니다. 하느님은 인간을 위해 수난을 당한 그리스도 안에서 자기를 계시하고 있다고 하는 전체적 신앙의 구조 안에서 표현되고 있는 것입니다. 이것은 일정한 내용을 가진 일정한 구조라 할 수 있으며, 이것을 불교나 이슬람교적 관념이나 감정과 융합시키거나 할 수는 없을 것입니다. 그러나 그럼에도 불구하고, 종교현상이라고 부를 수 있는 것은 붓다나 마호메트, 공자, 짜라투스트라에 한정하지 않고 미트라스(Mithras: 고대 인도 및 이란 神의 일종—역주), 아티스(Attis: 키베레 신앙에 나오는 異神—역주), 키베레(Kybele: 小아시아의 女神으로 豐饒로운 大地의 상징—역주), 마니(Mani, 215~277: 마니교의 창시자—역주), 헤르메스(Hermes) 그 밖의 많은 이교적 숭배 가운데도 나타나고 있음은 의심의 여지가 없습니다. 엄밀한 학문적 태도를 취할 때에 심리학자는 개개의 종교가 내걸고 있는 자기만이 유일하고 영원한 진리라고 주장하는 요구를 거부하지 않으면 안 됩니다. 심리학자의 눈은 종교문제의 인간적인 측면에 눈을 향하지 않으면 안 될 것입니다. 왜냐하면, 심리학자에게 있어서 중요한 관심사는 근원적인 종교체험이며, 개개의 신경(信經)이 무엇으로부터 그것을 만들었는지에 대해서는 관심을 갖지 않습니다.

나는 한 사람의 의사이며 신경장애 및 정신장애에 관한 전문의이기 때문에, 나의 출발점은 어떤 한 종파의 주장이 아니고 호모 레리기오수스(homo religiosus: 宗教的 人間), 즉 자기 자신 및 자신의 일반 상태에 영향을 주고 있는 각종의 요인을 고려에 넣고 주의 깊게 관찰하는 인간의 심리에 관심을 갖습니다. 역사적인 전통이나 인류학적인 지식에 따라 그러한 요인들을 명명하고 정의내리는 것은 쉬운 일이겠지만 이와 동일한 것을 심리학적 입장에서 시도해 본다는 것은 실로 어려운 문제일 것입니다. 종교문제에 대하여 내가 기여할 수 있는 근거가 있다면 그것은 나의 환자나 혹은 이른바 정상인과 직접 접하고 얻은 나의 실제적인 체험에서 나오고 있습니다. 그러므로 우리가 다른 사람과 접하고 얻은 경험은 그 접촉의 형태에 따라 크게 좌우되기 때문에 나는 나의 직업상의 일을 어떻게 처리하고 있는지에 대한 일반적인 관념을 최소한 제공하는 것 외에 다른 방법을 발견할 수가 없습니다.

모든 신경증이라는 것은 환자의 가장 내밀한 생활과 결부되어 있기 때문에, 자기의 병의 원인이 되고 있던 모든 정황과 갈등을 완전하게 설명하지 않으면 안 될 경우를 맞아서 환자는 언제나 주저하게 될 것입니다. 그렇다면 왜 환자는 자유스럽게 말할 수 없는 것일까요? 왜 그는 두려워하거나 수줍어하고 움츠리는 것일까요? 그 이유는 이른바 일반의 여론이나 신용이나 혹은 평판이라고 불려지고 있는 어떤 종류의 외적 요인을 환자가 〈신중하게 고찰하기〉 때문입니다. 그뿐 아니라 환자가 의사를 신뢰하고 의사에 대하여 더이상 수치심을 갖지 않게 되었을 때라도 마치 자기 자신을 의식하는 것이 위험한 것이나 되는 듯이 어떤 사실을 자기 자신에 대하여 인정하는 것을 주저하거나 두려워하기까지 하는 것입니다. 자기 자신을 압도하는 듯이 느껴지는 무엇인가에 대하여 불안을 느끼는 것은 당연한 일입니다. 그러나 과연 인간 안에는 그 인간 자신보다도 강력한 무엇이 잠재되어 있는 것일까요? 이 때 우리가 잊어서는 안 되는 것은 신경증은 어떤 것이나 일정한 도덕적 퇴폐와 결부되어 있다는 사실입니다. 신경증에 걸려 있는 한에서 그 인간은 자기 자신에 대한 신뢰를 상실해 버리고 있는 것입니다. 신경증에 걸려 있다는 것은 하나의 굴욕적인 패배입니다. 자기 자신의 심리에 대하여 전혀 무의식적이지 않은 사람들은 자기의 신경증을 그와 같이 느끼게 되는 것입니다. 그런데 그 패배라는 것은 〈사실이 아닌(unreal)〉 어떤 것에 의해 침해되는 것입니다. 옛날부터 의사들은 환자들에게 말할 때는 "당신에게는 아무 문제가 없습니다. 당신은 실제로 심장에 병이 생기지도 않았고 암도 아닙니다."라고 말하면서 환자를 안심시키려고 해 왔습니다. 환자가 자기의 병의 증후로 들고 있는 것들을 보면 모두 공상의 산물에 지나지 않는 것입니다. 그러므로 환자가 자신을 〈상상적인 병자(malade imaginaire)〉라고 믿으면 믿을수록 그에 비례하여 그의 전인격 속에 열등감도 더욱 크게 스며들게 될 것입니다. "만약에 이러한 증후가 공상의 산물이라면 나는 어디서 이 지독한 공상이라는 괴물에 붙들렸단 말인가. 그리고 나는 이 완전한 해물(害物)을 어째서 사랑해야 한단 말인가?"라고 환자는 한탄할 것입니다. 어떤 지성있는 사람이 호소합니다. "저는 장에 암이 있습니다." 이 말을 자세히 생각해보면, 그 가운데에는 동시에 풀이 죽은 음성으로 "물론 이 암이 상상의 산물에 지나지 않고 있다는 것도 알고 있습니다"라는 말을 암암리에 내포하고 있다는 것도 알고 있습니다.

　나는 우리가 심혼(心魂: psyche)에 대해서 보통 가지고 있는 유물론적인 관념이 신경증의 치료에 특별히 도움이 되지 않으리라고 생각합니다. 만약에 영혼이 섬세한 물질로 구성되어 있다면 "이 호흡이나 연기 같은 영혼이라는 물체가 어떻든 현실적으로 고통받고 있는 것이다."라고 주장하는 것이 될 것입니다. 이 말은 가장 조잡한 조직을 가진 물체가 암에 걸릴 수도 있다는 것과 같은 말이 됩니다. 이 경우에는, 최소한 현실적인 어떤 문제가 존재하게 될 것입니다. 심리적 성질을 가지고 있는 모든 증후에 대하여 의학 쪽에서 보내는 강한 반감의 원인도 여기에 있다고 하겠습니다. 의학의 입장에서 말하면, 병이란 육체가 병에 드는 것이거나, 그렇지 않으면 그 환자에게는 전혀 병이 없거나 둘 중에 하나일 것입니다. 그러므로 신경증의 경우를 볼 때 육체가 실제로 병에 걸려 있다는 것을 증명할 수 없는데, 그렇다면 그 이유는 현대의학의 미숙한 방법을 가지고는 이 의심할 여지없는 기관장애(器官障碍)의 진정한 원인을 찾지 못한 데에 있을 것이라고 말할 수밖에 없을 것입니다.

그러나 결국 심혼이란 무엇이겠습니까? 유물론적인 편견이 설명해 주는 바에 따르면, 심혼이란 단지 부차적인 현상에 불과한 뇌의 유기적 활동의 부산물에 지나지 않는다고 설명하고 있습니다. 이 견해에 따르면, 심리장애는 모두 기관적이거나 육체적인 원인에 근거하고 있을 것임에 틀림없고, 다만 현재의 불완전한 진단법을 가지고는 증명할 수 없는 것이라고 말할 것입니다. 그러나 마음(靈)과 뇌 사이에 관계가 있다는 것은 부정할 수 없는 사실이므로 이 견해에도 약간의 가치는 인정할 수 있겠지만, 이것을 절대적인 진리로 인정하기에는 충분치 못하다고 하겠습니다. 오늘날까지도 신경증의 경우, 그 원인이 뇌의 기관적인 활동의 현실적인 장애로부터 생긴 것인지 확인할 수 있는 수단은 아직 밝혀지지 않고 있습니다. 또 내분비 계통에 장애가 있다면, 그것이 과연 어떤 것의 원인으로 발생된 것인가 혹은 반대로 어떤 특별한 장애의 결과로서 나타나지게 되었는가도 단정할 수가 없는 것입니다.

그러나 다른 한편 신경증의 원인이 심리적인 것이라는 것에 대하여는 의심의 여지가 없습니다. 어떤 유기적인 혹은 육체적인 장애가 단순한 고백만으로도 일순간에 치유될 수 있다는 것을 상상하는 것은 대단히 어려운 일인지 모르겠습니다. 그러나 내가 취급한 어떤 환자는 39도의 히스테리성 열을 지니고 있었는데, 히스테리의 원인이 되고 있는 심리적 사실을 고백함으로써 몇 분 후에 치유된 적이 있습니다. 어떤 심리적인 고뇌는 토론만으로도 영향을 받을 수 있고 심지어 치유될 수 있기까지 하는 명백한 육체적인 질병의 경우를 우리는 어떻게 설명해야 할 것인가요? 내가 취급한 어떤 환자는 온몸에 걸쳐 마른 버짐이 번지는 병에 걸려 있었는데 몇 주 동안의 심리치료를 받은 후에 그것이 10분의 1정도로 감소하였습니다. 또 다른 케이스가 있습니다. 최근에 어떤 환자는 대장(大腸) 확장을 위한 수술을 받았는데, 약 40센티 정도의 대장을 도려냈는 데도 불구하고 남은 부분의 대장이 확장되어 오는 긴급한 일이 뒤따라 발생했습니다. 그 환자는 아주 절망하여, 외과의사가 재수술이 불가피한 것이라고 역설했음에도 불구하고 두 번째의 수술받기를 거절하였습니다. 그런데 환자의 내밀한 심리적 사실이 밝혀지자마자 대장은 정상적인 기능을 되찾게 되었습니다.

결코 드물지만은 않은 이러한 경험에 비추어 생각해보면, 심혼이 존재하지 않는다거나 혹은 공상적인 사실은 어떤 힘을 갖지 못하는 비현실적인 것이라고 생각하기가 대단히 어렵다는 것을 알 수 있을 것입니다. 마음은 다만 근시안적인 이지(理智) 앞에서 그 모습을 감추고 마는 것입니다. 마음은 실존함에 틀림없지만 다만 물질적인 형태를 취하는 것은 아닙니다. 물질적인 존재만이 존재할 수 있다고 하는 편견은 참으로 우스운 일일 것입니다. 사실을 말한다면, 우리가 직접 알 수 있는 존재는 심리적인 존재인 것입니다. 우리는 유물론적 견해와는 반대로 "물질적인 존재는 단순히 추론에 지나지 않는다. 왜냐하면, 우리가 물질에 대하여 아는 것은 감각을 통하여 우리에게 가져와진 심리적인 상(像)을 지각하는 동안에만 가능하기 때문"이라고 말할 수 있기 때문입니다.

이 단순하고 기본적인 사실을 잊어 버릴 때에 우리는 중대한 오류를 범하게 되는 것입니다. 만약 신경증이 공상 이외에 전혀 다른 원인을 가지고 있지 않다고 하더라도, 그것은 의연히 극히 현실적인 사실이라는 점에서는 변함이 없을 것입니다. 어떤 사람이 나를 자기의 불구대천의 적이라고 공상하고 나를 죽이려고 하였다면 나는 공상에 지나지 않는 것 때문에 목숨을 버리지 않으면 안 될 것입니다. 공상도 또한 현실적인 존재이며 물질적인 조건과 똑같이 현실적이고, 해롭고, 위험하기까지 한 것입니다. 나는 심리적인 장애는 유행병이나 지진보다도 더 위험하다고 생각하고 있습니다. 중세기에 페스트나 천연두로 죽은 사람의 수는 1914년에 있었던 의견의 차이나 러시아에서의 어떤 정치적인 〈이상(理想)〉 때문에 죽은 사람들의 수와 맞먹는 것입니다.

우리의 정신은 알키메데스 점(點)이 없기 때문에 자기 자신의 존재형식을 파악할 수 없긴 하지만 그 정신이 존재하는 것은 사실입니다. 마음은 존재하고 있고, 존재하는 것은 정신 이외에 다른 것이 아닙니다.

그런데 우리는 자기가 암에 걸렸다고 공상하는 환자에게 무슨 답변을 할 수 있을까요? "네, 그렇습니다. 당신은 사실 암과 같은 것(a cancer – like thing)으로 고통을 당하고 있습니다. 당신에게 실제로 치명적인 병이 잠복하고 있는 것이 사실이긴 하지만, 그러나 이 병은 당신의 공상의 산물이기 때문에 당신의 육체를 죽게 하지는 못할 것입니다. 그러나 그것은 당신의 영혼을 죽게 할지 모르겠습니다. 이미 당신의 인간적인 관계나 개인적인 행복에 해독을 끼치고 유린했으며, 그것은 세력을 확대하여 결국에는 당신의 전체 정신을 삼켜버리는 데까지 이르게 될 것입니다. 그러므로 마침내는 더이상 인간으로 머물지 못하고 파괴적인 힘을 가진 악성의 종양(腫瘍)이 될 것입니다."라고 나는 대답할 것입니다.

이 환자는 생각해 보면, 그 공상을 만들어 가지고 현재 소유하고 있는 존재가 확실히 자기 자신 말고 다른 사람이 아니라고 생각할 것이 틀림없지만 또 한 편으로는 자기가 이 병적인 공상의 발생자가 아니라는 것도 알고 있습니다. 실제로 암에 걸려 있는 사람은 암이 자신의 몸 가운데에 있긴 하지만 그 병의 발생에 대하여 자신에게 책임이 있다고는 꿈에도 생각하지 않습니다. 그러나 심혼의 문제에 이르면 곧 우리는 마치 자기 자신의 심리상태를 만드는 것은 자기 자신인 듯이 일종의 책임감을 느끼는 것입니다. 이러한 편견은 비교적 최근에 비롯된 것입니다. 그렇게 멀지 않은 옛날에는 높은 교양을 갖춘 사람들까지도 우리의 이지(理智)나 감정은 심리적인 동인(動因)에 의하여 영향받을 수 있다고 믿었습니다. 당시에는 마녀나 마법사, 정령, 악령, 천사들이 존재하고, 때로는 신들까지도 존재하여, 인간의 마음 가운데서 어떤 심리적 변화를 일으키는 데 실질적인 역할을 하고 있다고 생각했습니다. 옛날에는 암 공상으로 고뇌하는 환자도 이 자신의 공상에 대하여 전혀 다르게 느꼈을지도 모르겠습니다. 아마도 이 환자는 누군가가 자기에 대하여 마법을 사용하였거나 자기는 그 정령들에 의해서 빙의(憑依)되었다고 상상하였을지 모릅니다. 그러므로 이같은 공상의 원인이 자기 자신에게 있다는 것은 꿈에도 생각할 수가 없었을 것입니다.

　사실상 내가 상상해 보건대, 이 환자의 암 공상은 의식과 동일시 할 수 없는 마음의 어떤 부분 가운데에서 생겨나고 있는 자발적인 성장이라고 할 수 있습니다. 이 공상은 자립적인 존재로서 존재하였다가 의식의 영역에까지 침입해 오는 것처럼 보여집니다. 우리의 의식에 대해서, 우리는 그것을 자기 자신의 심리적 존재라고 말할 수 있지만, 그러나 이 암은 우리와는 독립하여 그들(암) 자신의 심리적 존재를 가지고 있습니다. 이 말을 통해서 우리는 많은 사실들을 관찰할 수가 있을 것입니다. 이와 같은 환자를 연상실험에 걸어보면, 이 환자 자신이 자기 자신의 심리인데도 불구하고 자기가 자기의 심리를 지배할 수 없다는 것을 곧 발견하게 됩니다. 즉 연상실험에서 환자의 반응은 지연되거나, 변경되거나, 억압되거나 혹은 환자의 의식에 의해 지배받지 않는 침입자에 의해 대치되거나 하는 것입니다. 환자의 의식으로는 답변할 수 없는 자극어(stimulus words)들이 많이 있을 것입니다. 이 자극어들은 어떤 자립적인 내용(autonomous contents)에 의해서만 답변될 수 있는데, 그 자립적인 내용이란 피실험자들에게는 가끔 무의식적인 것들입니다. 앞에서 말한 환자의 경우에서 보면, 암 공상의 뿌리에 놓여 있는 심리적 콤플렉스로부터 나온 답변을 발견할 수 있을 것입니다. 즉 자극어가 숨겨진 콤플렉스와 연결된 어떤 것을 자극할 때마다 의식적 자아의 반응은 방해를 받거나 혹은 경우에 따라서는 그 콤플렉스로부터 나온 답변에 의해서 대치되거나 하게 될 것입니다. 그것은 마치 콤플렉스는 자아의 의도를 방해하는 힘을 가진 독립된 존재인 듯이 보입니다. 사실상 콤플렉스라는 것은 그 자신의 독립된 정신생활을 가지고 있는 2차적 인격 혹은 부분인격(partial personalities)과 같은 태도를 나타내고 있습니다.

많은 콤플렉스는 다만 의식으로부터 격리되어 있는데, 그 까닭은 의식이 그 콤플렉스로부터 벗어나기를 원하기 때문입니다. 그러나 일찍이 의식 가운데 존재한 적이 없고, 따라서 결코 제멋대로 억압된 적이 없는 콤플렉스가 존재하고 있습니다. 이러한 콤플렉스는 무의식으로부터 발생하는데, 그 콤플렉스는 자기의 기묘하고 난공불락의 자신감과 충격력을 가지고 의식을 침해하여 압도하는 것입니다. 우리 환자의 경우는 이 후자의 부류에 속합니다.

이 환자는 교양과 지성미를 갖추었음에도 불구하고 이러한 콤플렉스에 사로잡히고 빙의되어 있는 어쩔 수 없는 희생자였던 것입니다. 그에게는 악마적인 힘을 지닌 자신의 병적인 상태에 대하여 어떤 방법으로든 대항하여 스스로를 지킬 능력이 전혀 없었던 것입니다. 강박관념은 실제로 진짜의 암과 같이 전인격을 압도해 버리는 것입니다. 그 강박관념은 언제 나타났는지 모르지만 한번 나타나면 그때부터 그것은 움직일 수 없는 현실로 남게 되었습니다. 다만 순간적으로 짧은 기간 동안 이따금 자유스런 시간이 있게 될 뿐입니다.

이와 같은 예가 존재하는 것을 생각해 본다면, 왜 인간은 자기 자신을 의식하는 것을 두려워하는지의 이유를 어느 정도까지는 설명할 수 있을 것입니다. 실제로 막(幕)의 배후에는 어떤 것이 숨어 있는지 모를 것이지만(그것이 무엇인지는 누구도 모른다), 그 때문에 사람들은 의식 밖에 있는 요인들을 〈고려와 신중한 관찰(to take into account and to observe carefully)〉의 대상으로 하기를 좋아합니다. 대부분의 인간의 마음 가운데에는 무의식이 지니고 있을지도 모를 내용에 대하여 원시인이 악령에 대하여 품고 있었던 두려움과 흡사한 어떤 것이 존재한다고 말할 수 있겠습니다. 모든 자연적인 수줍음과 수치, 재주의 배후에는 알려지지 않은 〈영혼의 위험(perils of the soul)〉이라고 불려지는 비밀스런 공포심이 존재하고 있습니다. 물론 자기가 그와 같은 우스운 공포로 두려워한다는 것을 승인하려고 할 때 누구나 저항감을 느끼고 있을 것입니다. 그러나 우리는 이 공포가 결코 이유없는 것이 아니라는 사실을 납득할 필요가 있습니다. 오히려 반대로 이 공포에는 충분한 근거가 있습니다. 우리는 언제나 새로운 관념이 와서 우리 자신이나 우리 이웃을 사로잡을지도 모를 위험을 느끼게 됩니다. 고금의 역사를 비추어 보더라도 이러한 관념은 실로 기묘하고 이상한 것이기 때문에 모든 사람이 다 그 관념들에 동의한다고 볼 수는 없습니다. 그 관념이나 이상에 동의하지 않은 결과로 생겨진 모든 이단자들은 아무리 그들의 뜻이 좋고 합리적이었다고 하더라도 산 채로 화형에 처해지거나, 목이 잘려지거나, 현대적인 기관총으로 대량으로 처분되는 일이 발생하게 됩니다. 이러한 것들은 먼 과거의 일이라고 하여 우리를 안심시킬 수는 없을 것입니다. 불행하게도 이와 같은 일은 현순간에도 속해 있는 일일 뿐만 아니라 특히 미래에도 속할 일일 것 같습니다. 〈인간은 인간에 대해서 이리이다(Homo homini lupus)〉라는 말은 슬프지만 영원히 타당한 말입니다. 실제로 우리가 무의식 가운데에 들어 있는 비인격적인 힘에 대하여 왜 두려워해야 하는지, 충분한 이유가 있습니다. 일상적인 경험 속에서 보면 다행히도 우리는 그러한 힘에 대하여 느끼는 것도 무의식적입니다. 왜냐하면 그러한 힘들은 결코 우리의 개인적인 행동이나 일상적인 조건 가운데에는 나타나는 일이 없기 때문입니다. 그러나 한편 인간들이 모여 군중을 이루고 집단을 형성할 때에는 모든 개개인의 마음 속에 잠들어 있는 야수성(野獸性)이나 악령 등, 이른바 집합인(集合人: collective man)의 동인(動因)이라고 할 만한 것이 그 매었던 사슬을 풀고 자유롭게 나타나는 것입니다. 집단의 일원으로서의 인간의 도덕적 및 지적 수준은 무의식의 수준으로 한 단계 낮아지게 되는 것입니다. 그 낮은 수준은 집단의 형성을 통하여 자극되자마자 새로이 열려져 의식의 영역 밑에서 나타나게 된 것입니다.

  인간의 심리를 단순히 그 사람 개인적인 사실에 지나지 않는 것으로 간주하고 그것을 개인적인 관점에서만 설명하려는 것은 중대한 오해를 가져온다고 생각합니다. 이러한 설명방식은 일상적인 매일의 업무나 인간관계 속에 있는 개인에게만 적용될 수 있는 것입니다. 그러나 만약에 어떤 예기치 못했던 형태로 어떤 이상한 사건이 생겨 사소한 장애가 발생하게 되면 곧 어떤 본능적인 힘이, 즉 전혀 예기치 못한, 새롭고 이상한 힘이 모습을 나타내게 됩니다. 그러므로 이러한 힘은 개인적인 동기로서는 설명을 할 수가 없는 것입니다. 왜냐하면, 그것은 가령 일식 때에 원시인들 사이에서 볼 수 있는 공포(panics)와 같이, 오히려 원시적인 사건과 흡사하기 때문입니다. 가령 볼세비즘의 여러 관념이 폭발하여 흉폭한 양상을 나타낸 것을 어떤 개인적 부친(父親) 콤플렉스로 설명한다는 것은 내가 보기에는 아주 적합하지 못한 듯 여겨집니다.

  집합적인 힘의 침입을 통하여 생겨진 변화에는 경탄할 만한 것이 있습니다. 온화하고 이성적인 인간이 때로 광기(狂氣)를 띠거나 야수처럼 변해 갈 수 있습니다. 우리는 언제나 이런 현상에 대하여 외부의 사정에다 그 책임을 전가하고 있지만, 그러나 우리 가운데 전혀 존재하고 있지 않았던 것이 폭발을 일으킬 도리는 없을 것입니다. 사실상 우리는 항상 화산의 분화구 위에 서 있는 셈이며, 우리가 알고 있는 한, 장차 있을지도 모르는 폭발에 대해서 인간의 힘으로는 그것을 예방할 방법이 없고, 더욱이 한번 폭발이 되어서 그 파편의 도달거리 이내에 있는 인간은 한 사람도 남지 않고 모두 파멸되어 버리고 말 것입니다. 이성이나 건전한 상식을 설교하는 것은 확실히 좋은 일임에 틀림없습니다. 그러나 만약 우리의 청중이 정신병원의 환자이거나 집단적 열광에 빠져 있는 군중이라고 한다면 그들 앞에서 우리는 무엇을 말할 수 있겠습니까? 정신병환자와 집단의 군중 사이에는 큰 차이가 없습니다. 왜냐하면 양자는 비인격적인, 저항할 수 없는 힘에 의해서 움직여지고 있기 때문입니다.

　사실상 이성적 수단으로 다룰 수 없는 힘을 유발하는 현상은 하나의 신경증을 살펴보는 것만으로도 충분합니다. 앞에서 언급한 암 공상의 예를 보면, 가장 명명백백하게 불합리한 현상에 대하여 우리의 이성이나 지성은 얼마나 무기력한가를 분명하게 보여주고 있습니다. 나는 항상 나의 환자들에게 이와 같이 명료하지만 극복하기 어려운 불합리의 배후에는 아직 우리에게 그 정체가 분명치 않은 힘이나 의미가 감추어져 있음을 생각하라고 충고해 줍니다. 경험을 통하여 나는 이같은 사실을 진지하게 다루고 이에 상응하는 설명을 찾는 것이 더욱 유효한 방법이라는 것을 알고 있습니다. 그러나 설명이 유효할 수 있으려면 그 설명을 통하여 병의 영향을 상쇄할 만큼의 강력한 가설이 생겨날 때입니다. 지금 우리의 환자는 자기의 의지와는 다른 하나의 독자적인 의지력과 암시를 상대로 서 있는데, 그의 의식내용은 이 의지력과 암시에 대항하여 어떤 것을 제시할 수가 없는 것입니다. 이같이 곤란한 정황에 직면하고 있는 환자에게 그의 증후의 배후에는 아주 이해할 수 없는 방식으로, 그 자신이 비밀하게 그 증후를 발명하고 유지하고 있다는 사실을 알려 줌으로써 납득시키는 것은 아주 좋지 못한 대책입니다. 이같은 암시는 즉 환자의 투쟁의욕을 마비시키고, 환자의 의기를 저상시켜 버리게 되고 말 것입니다. 그것보다는 오히려 환자에게, 그가 지니고 있는 콤플렉스는 하나의 자립적(독자적)인 힘이 있어서 그의 의식적인 인격을 그 공격목표로 선택하고 있다고 납득시키는 것이 더욱 효과적일 것입니다. 이같은 설명방식은 만사를 개인적인 동기로 환원시켜 생각하는 것보다는 훨씬 더 현실적 사실에 알맞는 것이라고 할 수 있습니다. 분명히 개인적인 동기라고 할 만한 것이 존재하고 있는 것이 사실이긴 하지만, 그것은 고의로 만들어진 것은 아니며, 환자 자신이 우연히 만나게 된 것입니다.

고대 바빌로니아의 서사시에 의하면 오만불손한 길가메쉬(Gilgamesh: 바빌로니아의 전설적 왕으로서 半神半人 — 역주)가 신들에게 도전할 때, 신들은 이 영웅의 불손한 야망을 억제하기 위해 길가메쉬와 대등한 힘을 가진 인간을 발명하고 창조하였습니다. 이와 똑같은 일이 우리의 환자에게도 생겨난 것입니다. 즉 그는 한 사람의 사상가로서 항상 외계(外界)를 자기의 이지와 이성의 힘으로 질서지우고자 하였습니다. 그의 야심은 최소한 자력으로 자기의 운명을 개척하는 데 성공하였습니다. 그는 모든 것을 굽힘이 없는 자기의 이성의 법칙에 복종시켰습니다. 그러나 자연은 어디에선가 이성의 그물눈을 벗어나 암 공상이라고 하는 전혀 난공불락의 불합리한 형태를 취하고 그에게

복수를 하였던 것입니다. 이 교묘한 계획은 그를 저 잔인하고 무자비한 속박으로 얽어매기 위해서 무의식 속에서 안출된 것입니다.

그것은 그가 지니고 있는 이성적인 이상 전체에 대하여, 무엇보다도 그가 지니고 있는 인간 의지의 모든 힘에 대한 움직일 수 없는 신념에 대하여 주어질 수 있는 가장 통렬한 타격이었던 것입니다. 이 비참한 사태에 붙들리는 현상이 일어날 수 있었던 것은 그 환자가 자기의 이기적인 권력욕에 봉사하기 위해서 이성과 지성을 습관적으로 악용한 까닭에 생겨난 것입니다.

그러나 길가메쉬는 신들의 복수를 피하였습니다. 그는 경고적인 의미가 들어 있는 꿈을 꾸었는데, 이 꿈의 의미에 대하여 그는 많은 주의를 하였던 것입니다. 꿈을 통하여 그는 어떻게 자기의 적을 무찌를 수 있는가 하는 것을 알았습니다.

이와 똑같이 우리의 환자도 많은 꿈을 꾸었습니다. 그러나 신들이 이미 소멸되어 버린 현대에 살고 있는 이 환자는 이 꿈이 말해주고 있는 바에 대해 귀를 기울이지 않았던 것입니다. 지성적인 사람이었던 그가 꿈을 진지하게 받아들일 만큼 그렇게 미신적일 수가 있었겠는가! 꿈에 대하여 널리 일반에게 유포되어 있는 편견이 있습니다. 이 편견은 인간의 영혼 일반에 대한 현대인의 과소평가의 징후들 중의 하나에 불과한 것입니다. 과학과 기술의 놀랄 만한 발전은 또 한 편으로는 인간의 예지와 내성(內省)의 놀랄 만한 결핍과 맞먹을 만큼 서로 역비례하고 있습니다.

우리의 종교적인 가르침들은 영혼의 불사에 대해 말하고 있는 것이 사실이지만, 현실적 인간의 심혼에 대하여는 이 영혼의 불사라는 말이 별로 좋은 말이 아니며, 신의 은총이라는 특별한 행위가 없다면 곧 바로 영원한 지옥에 떨어질 것이라고 합니다. 예지와 내성의 결여 및 그리스도교에 의한 심혼의 경시라는 이 두 가지 중대한 요소는 일반적인 심혼의 과소평가의 원인으로서 크게 중요한 것임에 틀림없습니다. 그러나 그것이 유일한 원인은 아닐 것입니다. 비교적 새로운 기원을 가지고 있는 이 두 가지 요소에 비교해 보면 무의식과 접경하고 있는 모든 것에 대한 원시적인 공포와 혐오는 훨씬 옛부터 존재하고 있었습니다.

의식은 그 발생의 초기에 있어서는 극히 불안정한 존재이었음에 틀림없습니다. 비교적 미개한 사회에서는 얼마나 쉽사리 의식이 잃어 버려지는가를 관찰할 수 있습니다. 예를 들면, 〈영혼의 위험(perils of soul)〉[5] 중의 하나는 영혼의 상실을 들 수 있습니다. 이것은 즉 심혼의 일부분이 다시 무의식의 상태로 되는 경우를 말하고 있습니다. 또 하나의 예는 아모크(Amok: 말라야 人種에게서 보여지는 일종의 殺人—역주)의 상태인데,[6] 이것은 게르만 전설에서 베르세르크(Berserk: 北歐의 옛 전설에 나오는 것으로 광란상태에 빠져 무기를 가지고 전쟁에 나가는 狂暴한 武人—역주)에 상응하는 것입니다.

이 현상은 정도의 차이는 있겠지만 일종의 완전한 황홀상태(trance)와 같아서 여기에는 파괴적인 사회적 효과가 수반되는 일이 가끔 있게 됩니다.[7] 아주 일상적인 감정이 원인이 되어 상당한 정도의 의식상실이라는 현상을 볼 수가 있습니다. 이 때문에 원시인들 사이에서는 아주 정교한 예의작법이 지켜지고 있습니다. 그들은 쉬쉬하는 작은 목소리로 말하고, 무기를 내려놓고, 허리를 구부리고, 머리를 숙이고, 양손바닥을 상대방에게 보이는 예의작법이 그것입니다. 우리 현대인의 예의작법에도, 있을지도 모르는 영혼의 위험에 대비한 〈종교적〉 관찰의 흔적이 아직까지도 보여지고 있습니다. 예컨대, 우리가 "안녕하십니까?"라는 주술적인 인사를 하는 것은 이것을 통해서 운명을 우리에게 유리하게 이끌고자 하는 것입니다. 또 인사를 할 때에 왼손을 주머니 속에 넣고 있거나 등 뒤에 돌리고 있는 것은 좋은 예의작법이 아닌 것입니다. 특히 환영의 뜻을 표할 때에는 양손으로 악수를 하는 것입니다. 큰 권력을 가진 사람 앞에서는 머리에 아무것도 쓰지 않은 상태로 고개를 숙이게 되는데, 이것은 공격에 대하여 아무 방비도 없는 머리를 내놓음으로써 불의의 광폭한 발작이 나더라도 쉽게 자기는 공격을 받을 수 있음을 보여주어 권력자의 기분을 자기에게 유리하게 이끌고자 함인 것입니다. 미개인들은 전쟁의 댄스(전쟁을 모방하여 추는 춤―역주) 때에 흥분을 하는 나머지 피를 흘리는 참사를 보는 일이 많습니다.

　미개인의 생활은 항상 있을 수도 있는 〈영혼의 위험〉에 대한 끊임없는 배려의 연속인데, 위험을 피하기 위한 시도나 과정의 수는 무한히 많습니다. 타부(Taboo) 영역의 설정도 이 사실의 외면적 증거가 된다고 볼 수 있습니다. 무수한 타부들은 각각 한정된 심리적 영역인데, 이 구분은 세심한 주의를 가지고 지켜지고 있습니다. 나는 예전에 마운트 엘곤(Mount Elgon: 赤道아프리카 빅토리아潮 북쪽에 있는 해발 485m의 山―역주)의 남쪽 언덕에 살고 있는 부족과 함께 체재하고 있을 때 큰 실수를 한 적이 있습니다. 나는 가끔 숲에서 발견한 정령의 집에 관하여 물어보려고 생각하고 어떤 집회석에서 〈정령〉을 뜻하는 〈셀렐테니(selelteni)〉라는 말을 입에 올린 적이 있습니다. 그러자 곧 모든 사람들이 침묵을 지키고 모두 고통스러운 감정을 느끼는 듯하였습니다. 그들은 모두 내 눈을 피하는 것이었습니다. 〈셀렐테니〉라는 말은 모든 사람들이 주의 깊게 쉬쉬 피하면서 말하는 것을 내가 너무 큰소리로 말하였기 때문에 극히 위험한 결과를 가져올지도 모르는 길을 열어 놓았던 까닭이었습니다. 나는 그 집회를 계속하기 위하여 주제를 바꾸지 않으면 안 되었습니다. 또 다른 이야기인데 이 부족원들은 나에게 결코 꿈을 꾸지 않는다고 단언하였습니다. 그들은 꿈을 꾸는 것은 추장이나 마술사에게만 허락된 특권이라고 말하고 있습니다. 그래서 마술사는 자기는 이제 더이상 꿈을 갖지 않는다고 나에게 고백했습니다. 왜냐하면, 꿈은 지금 자기 대신에 지역감독관(District Commissioner)을 가지고 있기 때문이라는 것입니다. 그의 말에 의하면, "영국인이 이 나라에 들어온 이래 우리는 이제 이 이상 꿈을 꾸지 못하게 되었다. 전쟁이나 병에 관한 모든 것과 우리가 어디서 살아야 하는가를 알고 있는 것은 지역감독관이다."라고 하고 있습니다. 이 이상한 말은 전에 꿈이 최고의 정치지도자, 즉 〈뭉구(mungu: 누미노제, 神—역주)〉의 목소리였다는 사실에 바탕을 두고 있습니다. 그러므로 그는 꿈을 꾸고 있다고 하는 상상의 여지를 타인에게 주는 것이 일상인에게는 현명한 일이 아닐 것입니다.

꿈은 새로운 음모나 새로운 위험, 희생, 전쟁, 그 밖의 괴로움을 주는 사물을 통하여 항상 우리를 위협하고 있는 미지의 목소리입니다. 어떤 아프리카의 니그로는 어느 날적에게 사로잡혀 산 채로 화형을 당하는 꿈을 꾸었습니다. 다음날 그는 친척들을 모두 불러모으고 자기를 불에 태우라고 하였습니다. 친척들은 그렇게 하기로 동의하고 그 사람의 양쪽 발을 묶고 그를 불 속에 던져 버렸습니다. 물론 그는 아주 추악한 불구자가 되었지만 그의 적으로부터 화를 피할 수가 있었습니다.[8]

무의식이 지니고 있는 예측키 어려운 경향에 대항하여 스스로를 지킬 목적만으로 고안된 교리나 의례의 수도 상당히 많습니다. 꿈이 일면에 있어서는 신의 목소리이며 신의 사자(使者)인 동시에 타면에 있어서는 끊임없는 재앙의 원천이었다고 하는 기묘한 사실은 원시인의 마음을 어지럽게 하지 않고 있습니다. 이 원시적인 사실의 흔적은 유대의 예언자들의 심리 가운데서도 명료하게 발견되고 있습니다. 그들도 이따금 신의 소리에 귀를 기울이기를 주저하고 있습니다.[9]

그리고 호세아(구약성서에 나오는 예언자의 한 사람, 구약 예언서의 첫머리에 나오고 있다—역주)와 같은 경건한 남자가 주의 명령에 따라서 창녀와 결혼하는 것을 우리는 이해하기가 어려울 것입니다. 그런데 인류의 여명기부터, 어디에 구속되지 않는 자유분방한 〈초자연적〉인 힘의 영향을 일정한 형식과 율법을 통하여 제한해 보려고 하는 뚜렷한 경향이 존속하여 왔음을 봅니다. 그리고 역사시대에 들어와서도 이 과정은 의식(儀式)이나 제도나 신조(信條)의 증가라는 형태를 취하고 계속되어 왔습니다. 주지하는 바와 같이, 최근의 2천년 간은 그리스도교라는 제도가 이러한 초자연적인 힘으로부터의 영향과 인간 사이에서 인간을 보호하는 역할을 수행하여 왔습니다. 중세의 교회문서에 의하면, 경우에 따라서 꿈 속에서 신의 영향이 나타나는 것이 사실이긴 하지만, 이 입장은 정확하게 고집되지는 않았고, 교회는 개개인의 경우에 부딪혀 그 꿈에 나타난 계시가 사실인지 아닌지를 결정하는 권리를 유보하고 있었습니다.[10]

교회는 어떤 꿈이 신의 영향으로부터 비롯했음을 승인하면서도 꿈을 진실한 것으로 취급해야 하느냐에 대하여는 부정적인 태도를 취하고 있으며, 직접적인 계시를 포함하는 꿈의 존재는 승인하고 있음에도 불구하고 꿈을 진정한 것으로 취급하는 것에는 적극적인 반대를 하고 있습니다. 그러므로 최근의 수 세기 사이에 일어난 정신적 태도의 변화는, 최소한 지금까지 보아 온 이러한 관점에서 보면, 교회로서는 전적으로 환영할 수 없는 현상들입니다. 왜냐하면 꿈과 내적인 체험을 진정으로 고려하려는 경향을 가지는 내성적 태도는 정신태도의 이 변화에 의하여 상당히 타격을 받고 있기 때문입니다.

교회가 주의 깊게 건축해 놓은 많은 벽을 철거해 온 프로테스탄트는 직접적으로 개인적인 계시가 지닌 파괴적 분열적인 영향에 직면하기 시작하였습니다. 도그마라는 울타리가 무너지고 의식이 그 권위를 잃어 버리자마자 인간은 곧 그리스도교는 물론, 그 밖의 이교를 막론하고 모든 종교적 체험의 절대적인 핵심을 이루고 있는 도그마나 의식의 비호와 안내를 받지 못하고 스스로의 내적 체험에 직면하게 되었습니다. 근본적으로 말해서 프로테스탄트는 미사, 고해, 의전(儀典)의 대부분, 신의 대리자로서의 사제직(司祭職)의 의미라는 전통적인 그리스도교가 지니고 있던 미묘한 뉘앙스 전부를 상실해 버렸습니다.

 여기서 내가 강조해 두고자 하는 것은 이 말이 결코 하나의 가치판단이 아니고, 또 가치판단을 할 의도를 가지고 있지도 않다는 것입니다. 그러나 프로테스탄트는 잃어버린 교회의 권위 대신에 성서의 권위를 강화하였습니다. 그렇지만 역사가 보여 주는 바와 같이, 성서 가운데 어떤 부분들은 여러 가지 면으로 해석할 수 있는 여지를 마련해 놓고 있습니다. 더욱이 신약성서의 학문적 비판의 발달은 성서의 신적인 성격에 대한 신앙을 강화하는 방향으로는 작용하지 않았습니다. 그리고 이른바 과학의 세례를 받은 인텔리 계급의 대부분은 교회를 떠나갔거나 혹은 교회에 대하여 근본적으로 흥미를 잃어 버리게 된 것도 사실이었습니다. 그들이 모두 완고한 합리주의자였거나 신경증적인 인텔리였다면 교회로서는 이런 계층의 지지를 잃어 버린 것을 후회하지 않을 것입니다. 그러나 그들의 대부분은 종교적 인간이며, 다만 기존의 신앙형식에 만족할 수 없을 뿐입니다.

만약 그렇지 않다면, 부크만(Buchman: 독일계의 미국인, 소위 옥스포드 단체 운동의 창시자로서 도덕 재무장을 역설함—역주)이 창도한 대중운동이 프로테스탄트들 가운데서도 소위 인텔리 계급에 속하는 사람들에게 미치고 있는 주목할 만한 영향을 설명할 수가 없었을 것입니다. 교회에서 이탈한 가톨릭교도들이 대개의 경우, 은밀한 가운데서나 공공연한 가운데서나, 무신론이 되기 쉬운 데 반하여, 신교도들은 가능하면 종파운동에 참가하는 것이었습니다. 상대주의적인 프로테스탄트가 자기 진영 내부에 여러 다양성을 허용하는 데 대하여, 가톨릭교회의 절대주의는 절대의 긍정이나 절대의 부정이나 어느 하나의 존재만이 허용되는 것처럼 보입니다.

지금까지 그리스도교의 역사까지 들먹여 가며 이야기한 이같은 논의는 꿈과 개인적 체험에 대한 편견을 설명할 목적 이외에는 다른 것이 없었습니다. 즉 내가 방금 위에서 말한 것들은 암 공상을 지니고 있던 환자와 나 사이의 대화를 하는 중에 잠시 끼워 넣은 것에 지나지 않습니다. 나는 이 환자에게 "당신은 자기의 강박관념을 병적인 망상이라고 말하기보다는 그것을 진지하게 받아들이는 것이 더 좋을 것이다."라고 말하였습니다. 그러나 이 경우 진지하게 받아들인다는 것은, 이 강박관념이 현실적으로 존재하고 있는 인간의 심리 가운데서 암과 같이 성장하고 있는 하나의 장애가 나타나고 있다는 일종의 진단적인 정보를 승인하는 것에 지나지 않습니다. 환자는 "그러나 도대체 그 암과 같이 성장한다는 것은 무엇입니까?"라고 분명히 물을 것입니다. 이에 대하여 나는 "나도 잘 모르겠습니다."라고 대답할 것입니다. 사실상 나도 그것을 잘 모르고 있기 때문입니다. 앞에서도 말한 바와 같이, 무의식에는 의식내용에 대한 보상적 혹은 보충적인 의미를 가진 어떤 것이 형성되고 있는 게 확실하지만, 그 내용이 무엇인지에 대해서는 아무것도 아는 것이 없습니다. 그것은 의식에서 발견되지 않는 내용에 바탕을 둔 무의식적 정신의 자발적인 표명인 것입니다.

나의 환자는 지금 대단히 호기심을 갖기 시작하였습니다. 내가 그의 강박관념의 근본을 형성하고 있는 무의식 내용을 내가 어떻게 탐구해 갈 것인가에 대해서 갖는 호기심입니다. 그래서 나는 그에게 심하게 쇼크를 줄 수도 있겠다는 모험을 무릅쓰고, 모든 필요한 일체의 정보는 그의 꿈에 의해서 주어진다고 말하였습니다. 우리는 그 꿈들이 마치 지성을 가진 어떤 존재, 목적을 가진 어떤 것으로, 한 인간의 원천에서 나오는 것처럼 취급할 것이라고 말하였습니다. 물론 이것은 대담한 가설인 동시에 모험이기도 합니다. 왜냐하면, 우리는 꿈의 실존 자체가 현대의 심리학자들과 철학자들에 의해 부정되고 있는 것을 아는데, 이 믿을 수 없는 실재에 대하여 비상한 신뢰를 보내고 있기 때문입니다. 나의 이런 진행방법에 대해서 나와 논의를 한 유명한 인류학자는 "그것은 모두 흥미있는 일이긴 하지만 위험한 방법이군요"라고 틀에 박힌 말을 하였습니다. 물론 나도 이 방법이 위험하다는 것을 인정합니다. 이 방법은 신경증 자체와 똑같은 정도로 위험합니다. 그러나 신경증의 치료에는 다소의 모험이 없을 수 없습니다. 우리가 이미 잘 알고 있는 바와 같이 어떤 것을 모험 없이 한다는 것은 있을 수가 없습니다. 앞의 외과적인 수술도 또한 하나의 모험이긴 합니다. 그러나 그것은 하지 않으면 안 되는 모험입니다. 나는 환자에게 더 잘 설명해주기 위해서, 그에게 심혼은 섬세한 종양(腫瘍)의 모태가 될 수 있는 일종의 〈포착하기 어려운 물체(subtle body)〉로서 구성되어 있다고 말해 주고 싶은 유혹에 빠질 때가 가끔 있었습니다. 심혼은 머리로 상상할 수 없고, 따라서 심혼은 공기보다도 더 포착하기 어렵다고 하거나, 심혼은 다소의 차이는 있으나 논리적인 개념의 철학적 체제 안에 들어온다고 하는 선입견은 실로 뿌리깊은 것이어서, 실로 이 때문에 일반인들은 자기들의 의식에 들어오지 않는 내용은 존재하지 않는다고 생각해 버리는 것입니다.

일반적으로 의식 이외의 영역에서 작용하는 심혼의 기능에 대해서는 믿지도 않을 뿐더러 확신하지도 않고, 꿈이란 단지 하나의 웃음거리로 취급될 뿐입니다. 사정이 이렇다고 보면, 앞에서 언급한 나의 제안이 의혹의 눈으로서밖에는 보여지지 않는다는 것은 당연할 것입니다. 그리고 나도 꿈이라는 막연한 것에 대해서 제기될 수 있는 모든 반론들을 직접 이 귀로 들었습니다.

그러나 꿈 가운데에서는 연상실험(association test)을 통하여서나 그 존재가 추측될 수 있는 갈등과 콤플렉스가 어떤 깊은 분석을 거치지 않고도 발견될 수 있습니다. 더욱이 이 콤플렉스는 신경증에서 없어서는 안 될 한 부분을 이루고 있습니다. 그러므로 꿈은 신경증의 내용에 대하여 최소한 연상실험과 같은 정도의 정보를 줄 수 있다고 하는 나의 추측에 충분한 근거가 있습니다. 사실상 꿈은 우리에게 더욱 많은 것을 주고 있습니다. 병의 증후(症後)는 식물에 비유해 보면 지상으로 뻗어나온 어린 싹의 부분과 같은 것으로, 식물의 대부분은 땅 속 깊이 확장된 뿌리로 되어 있습니다. 뿌리는 신경증의 내용을 이루고 있는데, 모든 콤플렉스, 증후, 꿈도 모두 그 모태로부터 발생하고 있습니다. 우리는 모든 꿈들이 정확하게 심혼의 내부에서 생기는 여러 과정을 그대로 반영하고 있다고 생각하고 싶습니다. 그러므로 그 뿌리의 부분을 탐구하게 된다면 우리는 문자 그대로 병의 〈근원〉에 도달하는 것이 될 것입니다.

신경증의 정신병리를 이 이상으로 탐구해 들어가 논하는 것이 나의 의도가 아니기 때문에, 여기서는 또 다른 예를 사용하여 심혼의 내부에 있는 미지의 사실이 꿈에 의하여 어떻게 드러나게 되는가, 또 그 사실들은 원래 어떤 내용을 가지고 있는가를 설명해 보려고 합니다. 여기서 이야기하려고 하는 꿈꾸는 사람(dreamer)은 위의 예에서와 같이 아주 뛰어난 지성을 갖춘 인텔리였습니다. 그는 신경증 환자로서, 자기의 신경증이 압도적인 힘을 가지고 쳐들어오기 때문에 이대로 나가면 자기의 정신생활이 서서히 그러나 확실히 파괴되어 버릴 것이라는 것을 느끼고 나의 도움을 청해 왔던 것입니다. 다행히도 그의 지성은 아직 상처를 입지 않아서, 그는 아직도 날카로운 지성을 자유롭게 구사할 수 있는 상태에 있었습니다. 그래서 나는 그에게 자기의 꿈을 몸소 관찰하고 기록해 두도록 명하였습니다. 나는 그에게 그 꿈을 분석하거나 설명하지 않았습니다. 내가 그와 협력하여 그 꿈의 분석에 들어간 것은 훨씬 뒤의 일입니다. 그러므로 내가 설명하려고 하는 꿈은 아주 생생한 자료인 채 그대로입니다. 그 꿈들은 전적으로 영향력을 가하지 못하는 일련의 자연적 사실을 표상하고 있습니다. 환자는 한번도 심리학책을 읽은 적이 없고 또 분석적 심리학에 대해서 말을 들어 본 적도 없었습니다.

그의 꿈들은 모두 400개 이상이나 되었는데, 그 전체의 인상을 한마디로 말한다는 것은 불가능합니다. 그러나 이미 나는 그 가운데서 특히 종교에 관계된 테마를 가지고 있는 74개의 꿈을 선정하여 발표하였습니다.[11] 더 부연한다면, 이 환자는 가톨릭적인 교육을 받았지만 현재로서는 교회와 관계가 없고, 종교문제 일반에 대해서도 관심을 갖고 있지 않다는 것입니다. 만약 어떤 사람이 어떤 종교관을 가지고, "당신의 종교관은 이런 것이지요"라고 말하면, 그는 놀라서 그렇지 않다고 거절하는 이른바 지성인 혹은 학자의 한 사람이었습니다. 무의식은 의식으로부터 독립한 하나의 심적 존재라고 한다면, 이 환자와 같은 예는 대단히 흥미있다고 말할 수 있습니다. 무엇보다도 이때에 꿈의 종교적 성격이라는 의미를 올바르게 파악할 필요가 있습니다. 또 이와는 반대로 의식에만 중점을 두고 무의식에는 독립된 존재를 인정하지 않는 입장에 선 사람이 있다고 하더라도 그 꿈의 내용을 이루고 있는 재료가 실제로 의식내용으로부터 온 것인가의 여부를 조사하는 것은 흥미있는 일입니다. 만약 그 실험의 결과 무의식이라는 독립된 존재를 인정하는 가설 쪽이 유리하다는 결론이 나온다면, 우리는 꿈을 무의식이 지니고 있는 종교적 경향을 알기 위한 자료의 원천으로서 사용할 수 있을 것입니다. 우리 자신이 보통 알고 있는 바와 똑같이 모든 사람들은 꿈이 종교에 대한 자기의 의견을 확실히 표명하리라고 기대하지는 않을 것입니다. 그러나 400개의 꿈 가운데서 두 개는 분명히 종교를 취급하고 있습니다. 여기서 나는 그 꿈의 내용을 환자 자신이 쓴 대로 그대로 내놓아 보려고 합니다.

"건물은 모두 어떤 무대와 같은 성격, 극장과 같은 모양을 가지고 있었다. 어떤 사람이 버나드 쇼라는 이름을 언급한다. 작품은 먼 미래의 것을 다루는 것이라고 한다. 무대 한쪽에는 영어로 다음과 같이 쓰여져 있다.

'이것은 보편적인 가톨릭교회이다.
이 교회는 주님의 교회이다.
자신을 주님의 도구라고 생각하는 사람들은 모두 들어가고 있다.'

그리고 밑에는 작은 글자로 '이 교회는 예수와 바울에 의해서 창시되었다'라고 인쇄되었다. 마치 어떤 회사가 그 고풍(古風)을 과시하고 있는 듯이 보였다. 나는 내 친구에게 "자, 들어가서 한번 보도록 하세"라고 말했다. 나의 친구는 "종교적인 감정을 가지기 위해서라면 왜 많은 사람들이 함께 모여 있는지 모르겠다"라고 대답하였다. 그러나 나는 "프로테스탄트인 자네는 이것을 이해하지 못할 걸세"라고 말하였다. 한 사람의 부인이 곁에서 내 말에 끄떡이면서 동의를 표시했다. 그때 교회의 벽에 붙여져 있는 일종의 격문(檄文)과 같은 것이 내 눈에 들어왔다. 그것은 다음과 같이 쓰여져 있다.

병사들이여!
그대가 주님의 힘 밑에 있다고 느껴지면, 주님에게 직접 말하는 것을 피하시오. 주님은 말로써는 접근할 수가 없습니다. 다시 그대들에게 충고하는 바이니, 주님의 속성에 대하여 친구들끼리 논의하는 것을 멈추시오. 그것은 아무 소득이 없을 것입니다. 왜냐하면, 가치가 높고 중대한 것은 언어를 초월하고 있기 때문이오.
(교황의 서명이 있지만 그 이름은 판독할 수 없다.)

그래서 우리는 교회로 들어갔다. 내부는 회교의 사원, 특히 하기아 소피아(Hagia Sophia: 콘스탄티노플에 있는 소피아

교회. 531~537년에 건축. 비잔틴 건축에서 가장 중요한 것—역주)를 닮고 있다. 거기에는 의자가 없어서 공간의 효과를 훌륭하게 나타내고 있다는 인상을 주고 있다. 거기에는 그림이나 조각 같은 상(像)도 없었고 벽에는 장식용으로서 격언이 걸려 있었다(그것은 하기아 소피아에 있는 것과 같았다). 격언 가운데 하나는 이렇게 말하고 있다. 〈그대에게 사랑을 베푸는 자에게 아첨하지 말아라.〉 앞에서 나타났던 부인이 울면서 〈아아, 여기에는 아무것도 남은 것이 없구나!〉 하고 말한다. 나는 〈그것은 완전히 옳다고 생각한다.〉고 대답을 하였지만 부인은 사라져 버렸다.

처음에 내 앞에는 기둥 한 개가 있어서 내 시야를 막고 있었는데 자세를 조금 변경하여서 보니, 많은 사람들이 내 앞에 있는 것을 알 수 있었다. 나는 그들과 친구 사이가 아니었기 때문에 나는 홀로 서 있었다. 그러나 그들의 자세는 분명하게 보였고 그들의 얼굴도 보였다. 그들은 이구동성으로 〈우리는 주님의 힘 밑에 있음을 고백하나이다. 하느님의 나라가 우리 안에 있습니다〉라고 창하였다. 그들은 이것을 대단히 엄숙한 어조로 세 번 반복하였다. 그리고 오르간이 연주되었고 바하의 합창과 푸가(遁走曲)가 노래되었다. 어떤 때는 가사는 없고 노래만이 나왔으나 어떤 때는 다음과 같은 말이 반복되고 있었다. 〈그 밖의 모든 것은 휴지에 지나지 않는다〉 이 말의 뜻은 〈나에게는 살아 있는 감명을 주지 않는다〉는 것이 될 것이다.

합창이 끝나면 그 모임의 두 번째 부분이 마치 학생집회와 같이 시작되고 있다. 모임의 명랑한 부분이 먼저 있고 뒤이어서는 진지한 문제를 다루는 일이 거기에서 시작되고 있다. 사람들은 앞으로 뒤로 걸어가고 있고, 서로 대화하며 인사를 나눈다. 교구(敎區) 직속의 신학교에서 만든 포도주와 다과들이 제공되고 있다. 교회의 번영을 축하하는 소리가 들리고 교인 수의 증가에 대한 기쁨을 표현하기 위해서〈지금은 찰스도 여기에 있다〉고 하는 반복된 문구를 가진 유행가가 스피커를 통해서 흘러나오고 있다. 그것은 마치 연극을 통하여 새로 가입하는 교인에 대한 즐거움이 표현되는 것처럼 보였다. 한 사람의 사제가 나에게 〈얼마간 무익한 의미를 가지는 이 여흥도 공식적으로 승인되고 허락되었습니다. 우리도 얼만큼은 미국식의 방법으로 적응하지 않으면 안 됩니다. 우리와 같이 많은 군중을 상대해야 하는 경우에는 그것은 피할 수 없는 일입니다. 그러나 우리가 미국의 교회와 근본적으로 다른 것은 금욕주의에 대하여 분명히 반대하는 입장을 취하고 있는 점입니다.〉라고 설명해 주었다. 여기서 나는 눈을 떴는데 뒤에 큰 안도감이 남아 있었다."

꿈의 현상학을 다룬 책이 많이 있다는 것은 다 알고 있는 사실이지만 꿈의 심리학에 관한 책은 대단히 적은 것입니다. 그 이유는 분명합니다. 꿈을 심리학적으로 분석한다는 것이 극히 문제가 많은 위험한 일이기 때문입니다. 프로이트는 정신병학의 분야에서 얻은 여러 관점의 도움을 받아 용기있는 노력을 다하여 꿈의 심리학이라는 분야에 해명의 메스를 가하였습니다.[12] 나는 무엇보다도 그의 시도가 대담함을 찬양하지 않을 수 없고, 그의 방법과 그 결과에 대해서도 동의하지 않을 수 없습니다. 그의 설명에 따르면 꿈이란 단지 하나의 집의 현관과 같은 것입니다. 그 현관 배후에는 어떤 것이 주의 깊게 숨어 있습니다. 신경증환자가 자기에게 불유쾌한 사실을 숨기고 있다는 것은 의심의 여지가 없습니다. 아마도 정상적인 사람이라도 어느 정도는 그러할 것입니다. 그러나 꿈과 같은, 아주 흔히 있는 일이고 전인류에게 공통적인 이런 현상에 이 카테고리가 적용될 수 있는지 없는지는 전혀 별개의 문제에 속하는 일입니다. 꿈에는 그 외관과는 다른 어떤 별개의 의미가 있다고 생각하는 것이 좋은지는 의문으로 생각됩니다.

오히려 나는 다른 유태교의 권위있는 탈무드(Talmud : 성서 이후 유대에 나타난 경전 중에서 가장 크고 중요한 것―역주)를 인용하여 〈꿈의 해석은 꿈 가운데에 포함되어 있다.〉고 주장하려고 합니다. 말을 바꾸면, 나는 꿈을 있는 그대로 받아들이려고 합니다. 꿈은 해석이 극히 어렵고 복잡한 주제이기 때문에 나는 그 가운데에 포함되어 있는 기만적 경향에 대하여 어떤 전제를 감히 만들려고 생각지 않습니다. 꿈은 하나의 자연현상이기 때문에, 그것이 우리를 잘못 인도하는 교묘한 장치를 가지고 있다고 추정할 이유는 하나도 없습니다. 꿈은 의식과 의지의 대부분이 사라져 버렸을 때 생겨나는 것입니다. 그것은 신경증에 걸리지 않은 사람들 가운데에도 보여지는 자연적인 산물인 것입니다. 더욱이 꿈이 발생하는 심리적 과정에 대한 우리의 지식은 너무도 부족하여, 꿈의 설명에 있어서 꿈 자체와는 관계없는 여러 요소를 소개할 때에는 더욱 주의를 하지 않으면 안 됩니다.

이 모든 이유로 해서 나는 이 환자의 꿈은 실제로 종교에 대해서 말하고 있고 종교를 취급하고 있다고 해석하려고 합니다. 이 꿈은 정교하고 수미일관하기 때문에, 우리가 이 꿈에서 받는 인상은 거기에는 어떤 종류의 논리와 의도가 있다는 것입니다. 즉 이 꿈에는 충분한 동기가 있어서 그것이 꿈이 되어 직접 나타났다는 것입니다.

꿈의 전반부는 진지한 논술로 가톨릭교회가 변호되고 있습니다. 종교는 개인적 체험에 지나지 않는다고 하는 프로테스탄트풍의 견해는 꿈을 꾼 자에 의하여 부정되고 있습니다. 둘째 부분은 더욱 그로테스크한 부분이기도 한데, 교회가 결정적으로 세속적인 관점에 순응하고 있는 모습이 묘사되고 있고, 최종적으로는 반금욕주의적 입장의 논술로 끝맺고 있는데, 이 반금욕주의는 현실적인 교회의 입장으로부터는 결코 지지될 수 없는 종류의 것입니다. 그러나 꿈에 나온 반금욕주의자의 사제는 이 반금욕주의를 가지고 근본신조의 하나로 삼고 있습니다. 정신화(spiritualization)와 순화(sublimation)는 그리스도교의 본질적 원리이므로, 가령 어떠한 논거에서이든지 그 반대를 주장하는 것은 신을 두려워하지 않는 이단이 되는 것입니다. 그리스도교는 결코 세속적이 되어 본 적이 없으며, 또 좋은 술과 좋은 음식을 먹는 것도 허용되고 있지 않습니다. 따라서 의식(儀式) 가운데에 재즈 음악을 들여오는 것이 권장할 만한 가치가 있는지 없는지는 의문이 아닐 수 없습니다. 정도의 차이는 있겠지만, 에피큐리안적인 태도로 서로 대화하며 소요하는 〈명랑하고 성숙한〉 사람들은 고대철학의 이상을 우리에게 상기시켜 주고 있지만, 현대의 그리스도교적 입장에서 보면, 오히려 혐오할 만한 존재가 될 것입니다. 꿈의 전반에서는 물론 후반에서도 집단 혹은 군중이 지니고 있는 의미가 강조되고 있습니다.

    이렇게 생각해 보면, 이 꿈에서는 가톨릭교회가 극히 강하게 권장되고 있음에도 불구하고, 가톨릭교회는 철저한 그리스도교적 입장과는 서로 용납될 수 없는 기묘하고 이교적인 입장과 결부되어 있는 것처럼 보여집니다. 그리스도교의 본래의 입장과 서로 조화할 수 없는 것이 꿈 속에서는 분명히 나타나고 있지 않습니다. 위험한 대립을 혼합하고 발산시키는 〈온화한〉 분위기가 그것을 은폐시켜버리고 있는 것입니다. 그리고 개개인이 신과 직접적인 관계를 갖는 프로테스탄트적 입장은 대중조직과 거기에 상승하는 집단적 종교 감정에 의하여 압도되고 있습니다. 군중에 대한 의미의 강조 및 이교적 이상의 침입은 유럽에서 현실적으로 생겨나고 있는 현상과 매우 특이한 조응(照應)을 이루고 있습니다.

현대의 독일에서 일어나고 있는 이교적 경향에 대하여 모든 사람들이 놀라고 있는 것이 사실입니다. 왜냐하면, 니이체의 디오니소스적 체험을 어떻게 해석해야 할지를 이해한 사람은 한사람도 없었기 때문입니다. 니이체는, 당시까지는 아직 태어나지 않았던 무수한 독일인 가운데 단지 하나의 예에 지나지 않았었는데, 니이체에 뒤이어 무수한 독일인의 무의식 속에서는 세계대전 동안에, 디오니소스의 게르만판(版)이라고 할 수 있는 보탄(Wotan: 古代 게르만人이 가장 숭배한 神. 죽음, 전쟁, 승리 등의 神—역주)이 양육되고 있었습니다.[13]

내가 당시 진료(診療)하고 있던 독일인들의 꿈 가운데에는 보탄 숭배적인 선풍이 분명히 머리를 들고 있었음을 알 수 있었습니다. 그래서 1918년에 발표한 어떤 논문에서 나는 당시의 독일인에게서 기대할 수 있었던 새로운 발전방향의 특징을 지적하였습니다.[14] 나의 환자였던 그 독일인들은 『짜라투스트라는 이렇게 말하였다』를 읽은 일이 없고, 마치 이교도들처럼 희생의 양을 찬미한 젊은 독일인들도 니이체의 체험에 대하여 아무것도 아는 것이 없었습니다. 그래서 그들은 그들의 신을 디오니소스라 부르지 않고 보탄이라고 불렀던 것입니다. 니이체의 전기를 읽으면 그가 생각한 신도 실제로 보탄이었다는 것을 분명하게 알 수 있습니다. 그러나 19세기의 7,80년대의 고전어 학자였던 니이체는 이 신을 디오니소스라고 불렀던 것입니다. 공평하게 비교해 보면, 사실상 이 두 신 사이에는 많은 공통점이 있습니다.

앞에서 든 나의 환자의 꿈 전체를 통해서 볼 때, 갑자기 침묵을 한 프로테스탄트 친구를 유일한 예외로 하면, 집단적인 감정, 대중종교, 이교취미에 대한 어떤 반론이 있는 것 같지 않은 게 분명합니다. 그런데 우리의 관심을 끄는 주목할 만한 사건이 꼭 한 가지가 있습니다. 그것은 처음에 가톨릭을 찬미하는 의견을 지지한 후에 갑자기 울면서 "아아, 여기에는 아무것도 남은 것이 없구나!"라고 말하고는 사라져 버려 다시는 나타나지 않은 미지의 부인에 대해서입니다.

이 부인은 도대체 누구일까요? 이 부인은 환자에게도 정체가 알려지지 않은 미지의 인물이지만, 이 꿈을 보았을 때에 그는 이 부인을 이전의 꿈에서도 이따금 나타나고 있던 〈미지의 부인〉으로서 이미 잘 알고 있었다고 하였습니다.

이러한 종류의 부인이 남성의 꿈에서는 큰 역할을 연출하고 있기 때문에 전문용어로는 그것을 아니마(anima)라고 부르고 있습니다만, 그것은 남성적인 것과 여성적인 것이 동일한 육체 가운데서 함께 공존하고 있다는 관념이 원시시대 이래의 인류의 신화에서 항상 보여져 온 사실에서 착안한 개념입니다. 이와 같은 인간심리의 직관은 대개의 경우 부부신이라든가 혹은 창조자는 양성적(兩性的) 성격을 가지고 있다는 관념으로 투영되어 있습니다.

현대에도 에드와드 메이트란드는 아나 킹스포드(Anna Kingsford)의 전기 가운데서 신의 양성적 성격에 대한 내면적 체험을 서술하고 있습니다. 헤르마프로디테(Hermaphrodite: 그리이스 神話에 나오는 남녀 양성을 겸비한 신. 헤르메스와 아프로디테의 결합에서 나온 말—역주)와 양성적인 내면적 인간, 아담적 인간(homo Adamicus)을 옹호하는 헤르메스철학이 있지만, 이 아담적 인간은 『황금논설(Tractatus Aureus)』의 중세기의 한 주석자에 의하면, "남자의 외형을 가지고 있지만, 그 체내에는 항상 그의 아

내인 이브를 간직하고 있다"라고 표현하고 있습니다.[15]

아니마는 남성의 체내에 소수분자로서 잠재하고 있는 여성적 유전인자의 표현일 것입니다. 그러므로 여성의 무의식에서 나오는 여러 상(像) 가운데서는 똑같은 것이 발견되지 않기 때문에 이것은 더욱더 확실성을 띠고 있는 듯 여겨집니다. 다만 여성의 무의식 가운데서 나오는 상 가운데에도 이와 상응되고, 이와 동일한 가치의 역할을 연출하는 것이 있습니다.

그것은 여성의 상이 아니라 남성의 상입니다. 여성의 심리 가운데 나타나는 남성상은 아니무스(animus)라고 불려지고 있습니다. 아니마와 아니무스, 이 두 가지가 전형적으로 나타나는 것 가운데 하나는 예부터 적의(animosity, Animositat)라고 불려지는 현상입니다. 아니마는 비논리적인 무드의 원인이 되고 있고, 아니무스에 의해서는 도발적인 토픽이나 합리적이 아닌 의견을 산출해 냅니다. 이 두 가지는 가끔 꿈에서 잘 나타나고 있습니다. 보통 무의식이 인간의 형태를 취하고 나타나는 것이 통례인데, 그 두 가지는 무의식에게 그 특유한 불유쾌함이나 자극시키는 성격을 주고 있습니다. 무의식 그 자체에는 이러한 부정적인 면은 없지만, 그 부정적인 면이 나타나는 것은 주로 아니마나 아니무스에 의하여 인간의 형태를 취할 때이고, 더욱이 이 양자가 의식에 대하여 영향을 미치기 시작할 경우입니다. 그리고 양자는 부분인격에 지나지 않기 때문에 모두 열등한 남성 혹은 열등한 여성으로서의 성격을 가지고 있고, 따라서 사람을 자극하는 영향력을 가지고 있습니다. 즉 아니마의 영향하에 있는 남성은 예측할 수 없는 무드에 굴복하기 쉽고, 아니무스의 영향하에 있는 여성은 아주 논쟁적이 되거나 이치에 닿지도 않는 의견을 내놓기 일쑤입니다.

앞의 교회에 관한 꿈에서 아니마가 부정적인 반응을 표시하는 것은 그 환자의 여성적인 면(즉 무의식)이 환자의 사상경향에 동조하지 않는 증거입니다. 이 부동의(不同意)의 출발점은 환자도 찬성하고 있는 벽에 걸린 격언 〈너에게 사랑을 베푸는 자에게 아첨하지 말아라〉라고 할 수 있습니다. 이 문구의 의미는 극히 도리에 맞는 것처럼 보이기 때문에, 부인이 이 문구를 보고 왜 그렇게 절망적이 되었는지 이해하기가 어려운 것입니다. 우리는 이 신비를 더이상 탐구해 들어가는 것을 잠시 중단하고, 지금은 꿈에는 하나의 모순이 있다는 것, 한 사람의 대단히 중대한 소수자로서 남아 있던 부인이 격한 항의의 소리를 남기고 무대를 떠나간 후에, 사태의 그 이후의 진행에 대해서는 더이상의 주의를 기울이지 않고 있다는 사실을 확인하고 만족할 필요가 있습니다.

그리고 우리가 이 꿈에서 얻을 수 있는 것을 말한다면,

환자의 무의식이 작용하여, 가톨리시즘과 〈살아 있는 것의 기쁨(joie de vivre)〉을 구가하는 이교취미 사이에 너무도 안이한 타협이 이루어지고 있다는 것입니다. 일반적으로 말해서 무의식의 산물은 부동의의 입장이나 최후적인 의견을 표현하는 것이 아니고 오히려 반성행위의 극적인 발단으로 간주할 수 있는 것입니다. 그러므로 지금 꿈을 가지고 말한다면, 이것은 아마도 다음과 같이 말할 수 있을 것입니다. "그런데 자네의 종교는 어떤 것인가? 자네는 가톨릭이야, 그렇지 않은가? 그러므로 그것만으로도 충분하지 않은가? 그러나 금욕주의, 좋기는 좋지, 다만 교회도 조금은 순응할 줄 알아야지. 영화, 라디오, 재즈 같은 것이 허용되고 있다면, 교회가 만든 포도주를 조금 마신다거나 친구와 유쾌하게 노는 것이 좋지 않겠는가?" 그러나 이전의 많은 꿈에서도 나와서 잘 알려져 있는 이 불유쾌한 신비한 부인만은 어떤 이유에서인지 깊이 실망하여 그 자리를 떠나 버리고 맙니다.

솔직히 말해서 나는 이 아니마에 공명하고 있음을 발견합니다. 이 꿈에서 나타나는 타협은 너무도 안이하고 천박하다는 것은 의문의 여지가 없는데, 다른 면에서 보면, 이런 유의 타협은 이 환자를 포함하여 종교에 별로 큰 중요성을 두지 않는 대부분의 사람들의 특색을 이루고 있습니다. 종교는 나의 환자에게는 어떤 의미도 갖고 있지 못하고 있으며, 따라서 장차 종교가 어떻게 자기에게 관련을 갖게 될지에 대해서도 전혀 기대하는 바가 없었습니다. 그러나 그가 나에게 왔을 때에는 어떤 중대한 체험이 원인이 되고 있습니다. 즉 그는 지극히 합리주의적이고 이지적인 남자였기 때문에, 신경증과 인간으로부터 생기를 앗아가는 힘 앞에 직면해서 자기의 정신태도와 인생관이 전혀 어떻게 될 것인가 하는 것을 미리 경험했던 것입니다. 그는 자기에게 충분한 자제심을 줄 수 있는 세계관을 발견할 수 없었습니다. 그러므로 그는 지금까지 품어온 신념이나 이상이 없어져 버린 상황에 많이 직면해 있었던 것입니다. 이와 같은 환경에 놓여진 인간이 어떤 구제를 기대하고 유년시대의 종교로 되돌아가는 일이 결코 드문 현상이 아닙니다. 그러나 나의 환자의 경우, 이전의 신앙형식을 다시 재생시키려는 의식적인 노력이나 결심은 갖지 않았습니다. 그는 다만 그것을 꿈에서 보았을 뿐입니다. 말을 바꾸면, 그의 무의식이 일종의 독특한 방법으로 그의 종교를 확인하였습니다. 마치 그리스도교에서 영원한 적인 영과 육이 서로 그 대립적인 성격을 기묘하게 희박화(mitigation)함으로써 화해를 하고 있기나 한 듯이 파악하고 있습니다. 정신성(spirituality)과 세속성(worldliness)이 예기치 못한 화해로 서로 결합되어 있는 것입니다. 그 모습은 어딘가 그로테스크하고 코믹합니다.

정신성이 지니고 있는 가차없는 준엄함은 포도주와 장미로 물들여진, 거의 고대적인 명랑성에 의해서 그 뿌리가 뽑혀지는 것처럼 보입니다. 확실히 꿈 속에 나타나는 초속적(超俗的)인 동시에 세속적(世俗的)인 분위기에는 도덕적인 갈등도 그 날카로움을 잃고 있고, 심혼의 모든 고통과 고난도 망각의 심연으로 빠져 버리고 맙니다.

　이것이 어떤 원망(願望)의 충족이었다고 한다면, 그것이 의식적인 충족이라는 것은 의심할 수 없습니다. 왜냐하면, 그것은 이미 환자가 겪었던 일이기 때문입니다. 그래서 그는 이 점에 대해서 무의식적이 아닙니다. 왜냐하면, 술은 그에게 있어서 가장 위험한 적의 하나였기 때문입니다. 반대로 꿈은 환자의 정신상태를 제3자의 입장에서 확인하는 것에 지나지 않습니다. 꿈에 나타나는 것은 세속성과 군중본능(群衆本能)에 의해서 파괴된 타락한 종교의 모습입니다. 거기에는 신적인 체험의 누미노제라고 말하기보다는 오히려 종교적인 감상이라고 할 수 있는 것이 있습니다. 주지하는 바와 같이, 이것은 살아 있는 신비를 잃어 버린 모든 종교의 공통적인 특색입니다. 우리가 쉽게 이해할 수 있는 것은, 이러한 종교는 어떤 도움을 줄 수도 없고, 어떤 도덕적인 역할을 할 능력도 없습니다.

　이 꿈은, 그 밖의 어떤 점에 있어서 더욱 적극적인 의미가 희미하게 보이기는 해도 일반적으로는 확실히 호의적이 아닌 징후를 보이고 있습니다. 꿈이 절대적으로 플러스의 가치를 갖거나 절대적으로 마이너스의 가치를 갖는 일은 매우 드뭅니다. 대개의 경우에는 양쪽 요소가 혼재하여 있지만 한 쪽의 경향이 다른 쪽보다 강하게 표면에 나타나는 것이 보통입니다. 이와 같은 꿈이 심리학자에게 꿈을 본 그 사람의 종교적 태도 문제의 해명을 위해서 필요한 재료를 제공해 주는 것은 분명합니다.

앞에서 든 꿈이 우리가 소유한 유일한 꿈이라고 한다면 이 꿈의 가장 밑바닥에 있는 의미를 탐구한다는 것은 거의 불가능할 것입니다. 그러나 우리는 대단히 많은 수의 일련의 꿈을 가지고 있는데, 그것은 모두 하나의 어떤 특이한 종교문제를 지향하고 있습니다. 나는 될 수 있는 한 하나의 꿈을 그 꿈 자체만으로 해석하는 것을 피하려고 하고 있습니다. 꿈은 대개의 경우, 연속하여 나타나는 것입니다. 수면현상에 의한 규칙적인 단절에도 불구하고 의식의 연속성이 존재하고 있는 것과 같이 무의식과정에도 일종의 연속성이 있으며, 더욱이 그 연속성은 의식과정에서보다도 더 정도가 높은 것입니다. 어떻든 내 경험으로 판단할 때, 꿈이 일련의 무의식과정 가운데서 우리의 눈에 보이는 부분으로 나타나고 있는 것은 사실인 것처럼 생각됩니다. 만약에 우리가 앞에서 든 꿈의 가장 깊은 원인을 탐구하려고 한다면, 우리는 그 일련의 꿈으로 되돌아가서 400개나 되는 긴 꿈의 연쇄에서 그 원인이 어떤 부분에 위치하는가를 찾지 않으면 안 될 것입니다.

그런데 지금 우리가 예로 든 이 꿈은 어떤 기분나쁜 내용을 가진 두 개의 중요한 꿈 중간에 위치하고 있습니다. 이 꿈에 앞서 있던 꿈의 내용은 많은 사람들이 모여 마술적이라고 생각되는 기묘한 의식(儀式), 〈기본(gibbon)을 재건하기 위한〉 의식을 하고 있는 장면이었습니다. 그 뒤의 꿈도 이와 흡사한 테마였는데 동물이 주술에 의해 인간으로 변해 버린다는 내용입니다.

이 두 개의 꿈은 지극히 불유쾌하고 이 꿈을 꾼 환자는 큰 위험에 직면하고 있다는 것을 나타내고 있습니다. 앞에서 든 교회의 꿈이 명백히 표면적인 것으로 시종하고 있고 경우에 따라서는 의식적인 사고의 대상이 될 수 있는 의견을 대표하고 있는 데 반하여, 그 뒤의 두 꿈은 성격상 이상하고 가까이할 수 없는 것이어서 환자는 이 꿈에서 쇼크를 받아 가능한 한 이런 꿈은 보지 않으려고 생각하게 됩니다. 사실상 두 번째 꿈 가운데서는 문자 그대로 〈만약 달아나면, 모든 것은 잃어 버린다〉고 하는 문구가 보이고 있습니다. 이 말은 미지의 부인이 말한 〈아아, 거기에는 아무것도 남은 것이 없다〉고 하는 말과 기묘하게 일치하고 있습니다. 이 두 개의 문구에서 우리가 알 수 있는 것은, 교회의 꿈은 그 밖의 꿈에 나타나고 있는 훨씬 깊은 의미를 가진 사상내용으로부터 도피하려는 시도였습니다. 따라서 이러한 사상내용은 이 꿈을 전후로 하여 있는 두 개의 꿈 가운데 나타나고 있는 것입니다.

제 2 장

도그마와 자연적 상징
Dogma and Natural Symbols

2. 도그마와 자연적 상징

Dogma and Natural Symbols

이 두 개의 꿈 중에서 첫번째의 것, 즉 교회의 꿈 전에 있던 꿈은 한 마리 원숭이를 재건(reconstruct)하기 위한 의례가 그 내용이 되고 있습니다. 이 점을 충분히 설명하려면 너무도 많은 세세한 관찰이 요구됩니다. 그러므로 나는 다음과 같은 사실을 말함으로써 끝내려고 합니다. 즉 〈원숭이〉는 환자의 인격 가운데서 본능적 부분을 표시하는데, 지금까지 환자는 자기의 지성적 태도만을 일방적으로 유지하기 위해서 자기 속에 잠재하여 있는 본능적 부분을 무시하여 왔던 것입니다. 그 결과 어떤 일이 일어났는가를 말하면, 그의 본능이 그를 압도하고 때때로 그는 제어할 수 없는 본능의 폭발로 습격을 당하기도 하였습니다. 따라서 원숭이를 〈재건한다〉는 것은 자기의 인격 속의 본능적 부분에도 다시 의식질서 가운데서의 타당한 위치를 회복시킨다는 것을 의미합니다. 이러한 재건은 의식적인 태도가 크게 변경되지 않으면 불가능한 일입니다. 무엇보다도 환자는 무의식이 지니고 있는 여러 경향에 대해서 자연히 불안을 느끼고 있습니다. 왜냐하면, 지금까지 그는 무의식의 가장 추악한 면만을 보아왔기 때문입니다. 이 꿈에 뒤이은 교회의 꿈은 교회종교(church religion) 안에서 이 공포로부터의 도피처를 찾으려는 시도라고 할 수 있겠습니다. 〈동물을 인간으로 변화시키는〉 것을 내용으로 하는 제3의 꿈은 분명히 제1의 꿈의 테마의 연속입니다. 즉 원숭이가 재건되는 것도 후에 그것을 인간으로 변화시키려는 것이 목적이었습니다. 다시 말하면, 그것이 완성된 후에는 환자는 새로운 인간이 될 것입니다. 즉 환자는 지금까지 단절시켜 온 본능을 다시 자기의 인격 가운데로 통합시킴으로써 중요한 변화를 겪지 않으면 안 되고, 그 결과 새로운 인간으로 변화하게 되는 것입니다. 현대인의 정신은 늙은 아담의 죽음, 새로운 인간의 창조, 정신적 재생, 그 밖에 이와 유사한 낡은 〈신비적 불합리(mystical absurdities)〉를 내용으로 하는 오래된 진리를 망각하여 버렸습니다.

  현대에 살고 있는 과학자의 한 사람이었던 나의 환자

는, 자기 마음 내면에서 얼마나 깊이 이 사상내용으로 붙잡혀 있었던가를 인식하였을 때, 대단히 큰 놀라움에 사로잡혔습니다. 2천년 전의 인간이라면, 주술적인 재생과 생명의 갱신에 대한 즐거운 기대에 넘쳐 이러한 꿈을 환영하였겠지만, 나의 환자는 자기가 미치게 되지나 않을까 하고 두려워하였습니다. 그러나 우리의 근대정신은 미신이나 중세적 혹은 원시적 경신(輕信) 등이 횡행한 인류의 몽매기를 자랑스럽게 되돌아보면서, 우리의 합리적 의식이라는 고층건물의 하층부분에는 아직도 인류의 살아 있는 전과거가 들어 있음을 망각하고 있습니다. 이 하층부분이 없다면 우리의 정신은 사상누각에 지나지 않는 것입니다. 따라서 이로부터 신경쇠약증상이 나타나는 것도 당연한 일입니다. 정신의 진정한 역사는 학자들의 책에 들어 있는 것이 아니라 개개인의 심혼의 살아 있는 유기체 가운데 보존되어 있는 것입니다.

그러나 우리는 갱신(renewal)이라는 관념이 쉽게 현대인의 정신에 충격을 줄 만한 형태로 나타나고 있다는 것을 인정하지 않으면 안 됩니다. 사실상 우리가 보통 〈재생〉이라고 부르는 것과 위에서 든 두 개의 꿈 가운데 나타나는 재생 사이에서 일치점을 발견하는 것이 불가능하지는 않다고 하더라도 대단히 힘드는 일입니다.

그러나 여기서 암시되어 있는 이 이상하고 예기치 못한

변화를 다시 논하기 전에 우리는 내가 이미 말한, 분명하게 종교를 내용으로 하고 있는 다른 하나의 꿈을 검토해 볼 필요가 있습니다.

교회의 꿈이 여기서 문제가 되고 있는 일련의 꿈 가운데서는 비교적 초기에 위치하는 것인데 반하여, 다음에 말하는 꿈은 후기의 과정에 속합니다. 그 꿈의 내용을 환자가 말한 그대로 전하면 다음과 같습니다.

"나는 〈정신통일의 집〉이라고 불려지고 있는 장엄한 건물 안으로 들어갔다. 배경에는 많은 촛불들이 있었는데, 그것은 4개의 피라밋 같은 점을 형성하고 있었다. 건물의 입구에는 한 늙은 남자가 서 있었다. 사람들이 들어간다. 그들은 아무 말도 하지 않고 정신을 통일하기 위해서 몸을 움직이지 않고 서 있었다. 입구에 있는 늙은 남자는 건물에 들어가는 사람에게 "저 사람들이 다시 나올 때에는 깨끗이 되어서 나온다."라고 말한다. 나도 지금 들어가는데 나도 완전하게 정신을 집중할 수 있다. 그때 한 소리가 있어 "그대가 하고 있는 것은 위험하다. 종교는 여인의 상(image)을 벗어나기 위해서 그대가 지불하는 세금은 아니다. 왜냐하면, 여인의 상은 없어서는 안 되는 것이기 때문이다. 종교를 심혼의 생명의 한 측면의 대상(代償)으로서 사용할 때에 재앙이 있게 된다. 그들은 잘못 속에 있고 저주를 받게 될 것이다. 종교는 대상

(代償)이 아니고, 마지막으로 부가되는 심혼의 다른 활동을 완전하게 성취하는 것이다. 그대는 그대의 종교를 생명의 충실함 가운데서 이끌어내지 않으면 안 된다. 그렇게 함으로써만 그대는 정복(淨福)을 얻을 수 있을 것이다."라고 말한다. 특히 큰 소리로 말해진 마지막 말과 동시에 멀리서 음악이 들려온다. 오르간으로 간단한 화음을 연주하고 있는 것이다. 그것은 바그너의 마화(魔火: fire magic)의 주제를 얼마간 상기시켜 준다. 건물을 나오자 불타고 있는 산이 보이고, 그와 동시에 나는 〈꺼지지 않는 불은 신성한 불이다〉라는 것을 느낀다."

환자는 이 꿈으로 깊은 감명을 받았습니다. 이 꿈은 환자에게는 엄숙하고 중대한 체험이었으며, 그 밖에 이와 유사한 체험은 인생과 인간에 대한 그의 근본적 태도에 완전한 변화를 가져왔습니다.

이 꿈이 저 교회의 꿈과 평행하고 있다는 것은 곧 이해할 수 있습니다. 다만 이번의 꿈에서는 교회가 〈장엄한 건물〉, 〈정신통일의 집〉으로 변하고 있습니다. 의식(儀式)이나 혹은 그 밖에 일반적으로 가톨릭교회에 소속되는 것으로 생각할 만한 것은 하나도 없습니다. 유일한 예외가 있다면 촛불인데, 이것은 다분히 가톨릭교회의 예배에서 왔다고 생각되는 상징적인 형태로 배열되고 있습니다.[16]

즉 촛불이 4개의 피라밋 혹은 4개의 첨단을 형성하고 있는데, 이것은 아마도 마지막에 나오는 불타는 산의 환영(幻影)을 이미 예시하고 있는 것이라고 해도 좋을 것입니다. 그러나 환자의 꿈에는 4라는 숫자가 나타나는 것이 많은데, 그것은 대단히 중요한 역할을 하고 있습니다. 이 경우의 신성한 불이 버나드쇼의 『성녀 조안(Saint Joan: 잔다르크에서 취재한 史劇으로 쇼의 걸작 중의 하나. 1923년에 初演—역주)』과 관련하고 있는데 그것은 환자 자신이 말하고 있는 것입니다. 한편 〈꺼지지 않는 불〉이라는 것은 주지하는 바와 같이 신의 속성인데, 이것은 구약성서에 등장할 뿐만 아니라 그리스도의 비유로서도, 오리게네스(Origenes: 185~254 그리스도교 신학의 祖上. 다만 6세기에 異敎의 비난을 받았다—역주)의 설교집 가운데도 나오는 외전(外典: non-canonical logion)의 말에서도 언급되고 있습니다.

즉 "구세주 자신이 말씀하시니라. 나에게 가까이 있는 이는 불에 가까이 있고, 나에게서 멀리 있는 이는 천국에서도 멀리 있게 되느니라(Ait ipse salvator: qui iuxta me est, iuxta ignem est, qui longe est a me, longe est a regno)[17]"라고 서술되어 있습니다.

헤라클리토스 이래 생명은 〈영원히 살아 있는 불(pyr aeizoon)〉로 묘사되었고, 그리스도도 자신을 〈생명〉이라

불렀기 때문에, 오리게네스의 설교집 가운데 있는 주의 말씀도 이해할 수 있습니다. 이와 같이 불을 〈생명〉의 상징으로 보는 것은 〈생명의 충실〉만이 종교의 유일한 원천이라고 강조하고 있는 꿈의 입장과도 일치하고 있습니다. 따라서 4개의 첨단을 이루도록 배열되어 있는 촛불은 이른바 신 혹은 신과 흡사하거나 동일한 가치가 있는 관념을 나타내는 것으로 기능하고 있습니다. 이미 말한 바와 같이, 4라는 숫자는 이 꿈에서 중요한 역할을 하고 있는데, 그것은 항상 피타고라스의 이른바 테트락티스(Tetraktys: 4의 수란 뜻—역주)와 유사한 관념을 표현하고 있습니다.[18]

4라는 숫자에 상징적인 의미를 부여하는 것은 오랜 역사를 가지고 있습니다. 그것은 그리스도교에서 상징학이나 신비주의 사상 가운데서 나타나고 있을 뿐만 아니라[19] 그노시스철학[20]에서는 아마도 아직도 큰 역할을 하고 있고, 그 영향은 그로부터 다시 중세 전체를 이어 내려와 18세기에까지 미치고 있습니다.

지금 논의한 꿈에서 4라는 숫자는 종교예배에서 가장 의미있는 요소로 나타나고 있습니다. 이 종교적 예배는 무의식적인 정신에 의해 창조된 것입니다. 교회의 꿈에서는 친구와 함께 들어갔지만 이번에는 혼자서 〈정신통일의 집〉으로 들어가고 있습니다. 여기서 그는 한 사람의 노인을 만나게 되는데, 이 노인은 앞에서 본 꿈 가운데서 현자(Sage)로서 이미 나타났던 인물로서, 이 꿈에서는 지구상의 어떤 특별한 지점을 가리키며 그 곳만이 환자가 본래 소속해 있던 장소라고 말해 주고 있습니다. 그런데 이 노인은 이 집에서 행해지는 예배는 정화(淨化)의 의식(儀式)이라고 설명해 줍니다. 그러나 꿈의 텍스트에서 보면, 이 경우의 정화는 도대체 어떤 종류의 것인가, 도대체 무엇으로부터 정화하는 것인가, 하는 것이 분명하지가 않습니다. 꿈 안에서 실제로 나오는 의식으로서는 정신통일 및 명상이 있는 것처럼 여겨지는데, 이 정신통일과 명상의 결과 황홀해진 환자의 눈에는 어떤 소리가 들려오고 있습니다. 이 〈소리〉는 환자가 본 일련의 꿈 가운데서는 누구이 그 모습을 나타내 보이고 있습니다. 그것은 항상 어떤 이의를 제기할 여지도 없는 권위적인 선언을 하거나, 놀랄 만한 상식과 진리를 내포한 명령을 하거나, 혹은 철학적으로 중요한 시사를 포함한 명령을 합니다. 그것은 언제나 대개의 경우, 최종적인 단정을 하는 목소리이거나, 일반적으로 꿈의 종말쯤에 나타나는 목소리인 것이 보통인데, 이 목소리는 대단히 명백하고 단호하기 때문에 환자는 이에 대해서 반론을 제기할 수가 없습니다. 사실상 이 소리의 내용에는 반론을 제기할 수 없는 진리가 포함되어 있기 때문에 그것은 무의식적인 오랜 숙고와 논의를 최종적으로 절대적으로 타당하게 요약한 목소리로 나타나는 일이 가끔 있습니다. 이 목소리의 주인은 명령권을 가진 인물, 예컨대 군사령관, 선장, 선배, 의사 등의 모습을 취하고 나타나는 일이 많습니다. 또 어떤 경우에는 어디서 오는 것인지 모르는 소리만이 들려오는 때가 있습니다. 그래서 회의적인 인텔리인 나의 환자가 이 소리를 어떻게 해석하고 있는지가 대단히 흥미있는 일입니다.

소리의 내용이 그의 입장과 전혀 맞지 않는 경우도 가끔 있지만, 그는 별로 이유를 묻지 않고 그것을 받아들이고 있으며 심지어는 비굴한 태도를 취하면서까지 그것을 수용하고 있습니다. 그러므로 수백 개의 꿈이 주의깊게 기록된 것 가운데에서도 이 소리가 무의식을 대표하는 것으로서 중요하고 결정적인 지위를 점하고 있는 것은 분명합니다. 꿈이나 그 밖의 특별한 의식상태에서 이러한 소리의 현상을 보는 환자와 만나는 것은 이것이 처음이 아니므로 나로서는 때때로 무의식도 경우에 따라서 현실적·의식적 통찰을 능가하는 지성과 합목적성을 발휘할 수 있다는 사실을 받아들이지 않을 수 없습니다. 이 사실이 종교의 근본에 접하고 있는 현상이라는 점은 의심할 수 없는데, 지금 이 현상이 나타난 환자의 의식적인 정신태도를 살펴보면, 종교적 현상을 받아들일 것 같지 않은 상황임이 분명합니다. 다른 환자의 경우에서도 이같이 경험을 한 사람을 보는 일이 드물지 않았지만, 나로서는 위에서 언급한 말 이외의 표현으로 달리할 수가 없습니다.

　나는 가끔, 이 소리가 대표하는 사상은 그 환자 자신의 개인적인 사상에 지나지 않는다고 반론을 제기하는 사람을 만나기도 하였습니다. 그것은 그럴지도 모릅니다. 그러나 어떤 사상을 자기의 사상이라고 할 수 있는 것은 그것이 자기 자신이 생각해낸 경우에만 한정하는 것이 아닌가? 마치 자기 자신의 돈이라고 할 수 있는 것은 의식적이고 합법적인 방법으로 번 돈에 한정해야만 하는 것과 같습니다. 어떤 사람이 나에게 돈을 선물로 주었을 경우, 나는 후에 제3자에게 〈이것은 내 돈일세〉라고 말할 수는 있겠지만, 그 돈을 준 당사자에게 〈내 돈을 주어서 감사합니다〉라고 말할 수는 없을 것입니다. 이 목소리에 대해서도 사실은 유사한 상황에 있다고 생각합니다. 소리는 나에게 어떤 내용을 주고 있습니다. 마치 어떤 친구가 나에게 그의 생각을 알려 주듯이 말입니다. 그 친구가 말해주는 것이 나의 생각이라고 당사자 앞에서 말하는 것은 진실도 아닐 뿐더러 일종의 표절이라고 할 수 있겠습니다. 이러한 이유 때문에 나는 자신의 의식적인 노력에 의하여 획득한 것과 의문의 여지없이 무의식의 소산이 분명한 것을 구별하고 있습니다. 이에 대하여 "이른바 무의식이라는 것은 너 자신의 심혼의 일부분에 지나지 않는다. 따라서 그러한 구별은 쓸데없는 일이다"라고 반론을 제기하는 사람이 있을 것입니다. 그러나 나는 무의식이 단지 나의 심혼에 지나지 않은 것이라고 하는 데 대해서는 전혀 확신을 가질 수가 없습니다. 왜냐하면, 〈무의식〉이라고 말하는 이상 나는 그것을 의식할 수가 없기 때문입니다. 사실상 무의식이라는 개념은 편의상의 목적에서 나온 가정에 불과합니다.[21]

실제로 나는 그 소리가 어디에서 기원하고 있는지 전혀 무의식적입니다(즉 말을 바꾸면, 나는 전혀 알지 못합니다). 나는 그 목소리라는 현상을 의지의 힘으로 만들어낼 수 없을 뿐만 아니라 그 소리가 알려 주고 있는 정신적 내용에도 참여할 수가 없습니다. 사정이 이러하다면, 소리의 모체를 나의 무의식이라고 해야지 나의 정신이라고 하는 것은 지나친 월권이 아닌가? 최소한 그것은 일의 진상을 정확히 전해 주는 것이라고 말할 수도 없습니다. 그 소리가 여러분의 꿈 속에서 감수된 사실이라고 하더라도 그것이 여러분의 것이라는 반증은 전혀 될 수가 없습니다. 왜냐하면, 거리의 소음이 여러분의 귀에 들어왔다고 하더라도, 그 소음을 여러분의 것이라고 설명할 수는 없을 것이기 때문입니다.

이 소리를 자기 자신의 것이라고 합법적으로 주장할 수 있는 경우가 단 한 가지가 있습니다. 그것은 인격의 의식적 부분을 큰 전체의 일부분, 혹은 큰 원 안에 포함되어 있는 작은 원이라고 생각할 경우입니다. 예컨대, 한 작은 은행에 근무하는 은행원이 친구에게 그 은행이 있는 마을을 안내하다가 자기가 근무하고 있는 은행 건물을 가리키며, "여기에 있는 이 건물이 나의 은행일세."라고 말했을 경우, 이 사람은 이러한 특권을 정당하게 행사하고 있는 것입니다.

인간의 인격은 두 가지 요소로 성립되어 있다고 생각할 수 있습니다. 첫째의 요소는 의식 및 의식에 의하여 포괄되는 모든 것이고, 둘째의 요소는 무의식적 심혼의 배경을 이루고 있는 무한한 영역을 가진 부분입니다. 인격 가운데 있는 의식적 부분은 정도의 차는 있겠지만 분명하게 규정되고 한계지워져 있는데, 인간 인격의 전체라는 면에서 보면 그 내용을 완전하게 서술하거나 정의하기는 불가능하다는 점을 인정하지 않을 수 없습니다. 말을 바꾸면, 인격이라는 것이 관찰가능한 의식적인 부분으로만 성립되어 있고, 어떤 종류의 사실을 잘 설명하기 위해서 어떤 존재를 가정하지 않으면 안 되는 어떤 요소를 포함하고 있지 않은 이상, 필연적으로 우리는 모든 인간에 대하여 그 인격의 범위 외에 있는 한계지을 수도 없고 정의내릴 수도 없는 어떤 존재를 생각하지 않으면 안 되는 것입니다. 이러한 미지의 요소야말로 우리가 인격의 무의식적

부분이라고 부를 수 있는 것의 내용을 이루고 있습니다.
 이러한 요소가 무엇으로 이루어져 있는가에 대하여는 우리의 지식영역 밖에 있습니다. 왜냐하면, 우리가 관찰할 수 있는 것은 그러한 요소가 미치는 영향이나 효과뿐이기 때문입니다. 우리는 이러한 요소들도 의식내용과 똑같이 심리적 성질이라고 추정할 수는 있긴 하지만, 우리의 이 추정이 절대로 확실한 것이라는 증거는 없습니다. 심리적 내용이 의식되고 지각되는 것은, 그것이 자아(ego)와 연결되어 있을 때에만 한정되고 있으므로, 인격적인 색채를 농후하게 띠고 있는 소리의 현상도 똑같이 하나의 자아중추(自我中樞)—그러나 이것은 의식적인 자아와는 같지가 않다—에서 나온 것임을 알 수 있습니다. 이러한 생각은, 자아라는 것을 한계지을 수도 정의내릴 수도 없는 심리적 인격 전체의 중심을 형성하고 있는 어떤 상위자아(上位自我)에 예속되어 있는 것, 혹은 그 가운데 포함되어 있는 것으로 해석하면, 결코 근거 없는 추론은 되지 않을 것입니다.[22]
 나는 자기가 만들어낸 복잡한 이론에 스스로 도취되어 있는 철학적 논의를 좋아하지 않습니다. 나의 고찰은 일견 난해한 듯이 보이기는 하지만 최소한도 관찰된 사실을 정직하게 표현하려는 선의의 시도인 것만은 틀림없습니다. 예컨대, "우리가 만사를 다 알고 있을 턱이 없는 것은 당연한 결과로서 모든 경험, 모든 사실, 모든 대상에는 우리에게 미지의 어떤 것이 항상 포함되어 있다"고 말하는 것이 좋을 것입니다. 따라서 우리가 어떤 경험의 전체를 문제로 하는 경우, 그 〈전체〉라는 말에 의하여 표현되는 것은 그 경험의 의식적 부분에 지나지 않는 것입니다. 우리의 경험이 대상의 전체를 파악한다는 것은 도저히 생각할 수 없으므로, 그 대상의 절대적인 전체 속에는 당연히 우리의 경험으로는 포함되지 않는 부분이 포함되어 있을 것이 분명합니다. 이미 말한 바와 같이 이와 동일한 것이, 모든 경험에 대하여, 또 심혼에 대하여도 참일 것입니다. 왜냐하면, 심혼의 진정한 전체가 의식보다는 훨씬 더 큰 영역을 갖고 있다는 것은 절대로 확실하기 때문입니다. 말을 바꾸면, 심혼이라고 하더라도 "우리는 우리의 심리 기관(psychic organism)이 허용하는 범위에서만 우주의 본질을 분명하게 밝힐 수 있다"고 하는 일반원칙에 예외로 적용되는 것은 아니기 때문입니다.

나의 심리학적인 경험에 의하면, 어떤 내용들은 그 완전함에 있어서 의식을 능가하는 하나의 심혼에서 비롯된 것임을 알게 하는 것이 있습니다. 그러한 내용들은 그때의 의식에 의해서는 나올 수 없는 탁월한 분석이나 통찰, 혹은 지식을 포함하는 예가 드물지 않습니다. 직관이라는 것은 그와 같은 경우를 가리키는 적절한 말입니다. 대부분의 사람들은 직관이라는 말을 듣기만 하여도, 마치 이 말이 어떤 의미를 가지고 있는 듯한 유쾌한 기분을 가집니다. 그러나 직관은 우리에 의하여 만들어지는 것이 아니라고 하는 하나의 사실을 망각하고 있습니다. 반대로 직관은 항상 스스로 자기 쪽에서 우리에게 오는 것입니다. 여러분이 총명하다거나 혹은 직관을 잡을 만큼 빠르기만 하다면, 여러분은 자연히 발생하는 그 직관을 붙잡을 수 있을 것입니다.

따라서 나는 장엄한 집의 꿈에 나오는 목소리를 환자의 의식적인 면을 그 일부분으로 하면서 자기 안에 포함하고 있는, 더욱 완전한 인격에서 나오는 소리라고 해석하고 싶습니다. 그러므로 이 목소리가 환자의 현실적인 의식을 능가하는 지성과 명확함을 보여 주는 것도 이 때문이라고 생각합니다. 그 목소리가 지닌 절대적인 권위도 무의식이 의식에 대하여 가지는 우월성으로부터 나옵니다.

소리의 메시지 가운데는 환자의 입장에 대한 주목할 만한 비판이 포함되어 있습니다. 교회에 대한 꿈 속에서 환자는 인생이 지닌 두 가지 면을 일종의 안이한 타협으로 결부시키려고 노력하였습니다. 미지의 부인의 모습을 하고 나타난 아니마가 이에 찬동하지 않고 꿈의 표면에서 사라진 것은 모두 알 수 있는 일입니다. 그런데 그 뒤의 꿈에서는 〈소리〉가 아니마의 지위를 대신하는 듯이 여겨집니다. 무엇보다도 소리는 앞의 부인과는 달리 단순한 감정적인 반발을 표시하지 않고 종교의 두 종류에 관한 훌륭한 설명을 해주고 있습니다. 이 소리가 진술하는 내용에 따르면, 환자는 종교를 〈여인의 상〉을 대치하는 존재로서 이용하는 것 같습니다. 〈여인〉이라는 말은 이 경우 아니마를 가리키고 있습니다. 이것은 〈영혼의 생명의 또 하나의 측면〉이기 때문입니다. 아니마는 남성의 의식 밑에 소수분자로서 감추어져 있는 여성, 즉 무의식 세계인 것입니다. 따라서 소리 쪽에서 행하는 비판을 표현하면 다음과 같은 말이 될 것입니다. "너는 자기의 무의식으로부터 도피하기 위해 종교를 옆에 하려고 한다. 너는 종교를 너의 심혼의 생명의 일부분에 대한 대치(代置)로서 이용하고 있다. 그러나 종교는 완전한, 즉 양측면을 포함한 생명의 과일이며 완성이다."

　이 꿈을 똑같은 시리즈에 속하는 그 밖의 꿈과 주의 깊게 비교해 보면, 이 〈또 다른 측면〉이란 말이 무엇을 의미하는지를 알 수 있을 것입니다. 환자는 항상 자기의 감정의 요구를 회피하려고 합니다. 사실상 그는 그 감정에 의해서 생기는 여러 가지 불유쾌한 것들, 예컨대, 결혼이나 그 밖의 의무―사랑, 헌신, 성실, 감정적 예속, 심혼의 여러 요구에 대한 전면적 굴복 등등―에 끌려 들어가는 것을 두려워하고 있습니다. 이 모든 것은 그의 학문이나 학문적 경력과는 하등 관계가 없습니다. 더욱이 〈심혼〉이라는 말은 이미 인텔리들의 입에 담기도 천박한 괴이한 말이라고 생각되는 것입니다.

이와 같이 아니마의 〈비밀〉은 종교적인 풍자라 할 수 있는데, 종교에는 하나의 신경(信經)에 불과한 것이라는 것 외에 종교에 대해서 아는 것이 아무것도 없는 나의 환자에게는 크나큰 수수께끼가 되고 있었던 것입니다. 그리고 그는 종교가 어떤 불유쾌한 감정상의 요구를 대신할 수 있다는 것, 교회의 가르침에 전념함으로써 그러한 요구를 회피할 수 있다는 것을 이해하고 있습니다. 그가 품고 있는 여러 가지 공포 속에는 현대를 지배하고 있는 여러 가지 편견이 여실히 반영되어 있습니다. 그 반면에, 그 목소리는 정통파의 신앙과는 거리가 멀고, 놀라울 정도로 관습을 파괴하고 있는 면이 있습니다. 즉 그 목소리에 의하면, 종교는 진지한 것으로 취급되고 있고, 생명(즉 '양쪽'을 포함하는 생명)의 첨단에 위치하게 하고 있습니다. 그리하여 지성과 합리주의가 지닌 각종의 편견은 무너져 버리고 마는 것입니다. 이 중대한 변혁을 앞에 두고 나의 환자는 가끔 자기는 지금 미쳐가고 있지 않은가 하고 불안해 합니다. 오늘날의 표준적인 인텔리의 생태를 알고 있는 우리로서는 이 환자가 놓여진 곤란한 정황에 쉽게 동정할 수 있겠습니다. 〈여인의 상〉—다시 말하면, 무의식―을 진지하게 고려하지 않으면 안 되는 것은 문명의 개화를 구가하고 있는 상식(common sense)의 세계에 얼마나 큰 패배이랴![23]

나 자신이 이 환자의 진료를 시작할 당시에 이미 그는 350개 정도의 꿈의 첫번째 시리즈를 관찰하고 있었습니다. 당시의 그는 그의 내적 체험으로부터 온 격렬한 반응에 많은 고통을 당하고 있었습니다. 가능하면 그는 자기 자신의 모험으로부터 도피하고 싶은 기분이었을 것입니다. 다행히도 그는 〈종교〉가 있었습니다. 즉 그는 〈그 자신의 체험을 신중히 고려하는〉 것이었습니다. 따라서 그 자신의 체험에 대한 충분한 신앙 혹은 충성심을 가지고 있던 그는 그 자리에 남아서 그 체험을 계속할 수가 있었던 것입니다. 신경증적이 된다고 하는 큰 이점을 가지고 있었던 그는 자신의 체험에 충성심을 표하지 않으려고 할 때마다, 혹은 무의식의 목소리를 등한시하려고 할 때마다 곧바로 그는 신경증의 상태로 되돌아가고 마는 것이었습니다. 그는 〈그 불을 끌 수가〉 없었고, 마침내는 자기의 체험 속에 있는 이해할 수 없는 누미노제적 성격을 받아들이지 않을 수 없었습니다. 그는 끌 수 없는 불이 〈신성〉하다는 것을 고백하지 않을 수 없었습니다. 이것이야말로 그의 치유를 위한 절대불가결의 요건이었던 것입니다.

실제로 어떤 완전한 사람이 예외적 존재인 것과 똑같이

이 환자의 경우도 예외적이라고 생각할 수도 있을 것입니다. 인텔리 계급의 대부분이 불완전한 단편적 인격의 소유자라는 것이 사실이라면, 진정한 심정 대신에 무수한 대용품들이 사용되고 있는 것도 사실입니다. 그런데 나의 환자가 단편적 인격이라고 하는 것은 즉 신경증이라는 것을 의미하고, 그것은 다른 많은 사람에게도 똑같은 것입니다.

보통 일반적으로 〈종교〉라고 불려지는 것은 하나의 대용품(substitute)에 지나지 않습니다. 따라서 나는, 나 자신으로서는 오히려 신경(creed)이라고 부르고 싶은 이러한 종류의 종교라도 인류사회에서는 중요한 기능을 하고 있지 않은가 하고 진지하게 자문하지 않을 수 없습니다. 이 경우 대용품은 정연한 체계를 가진 도그마나 의례의 형태를 취한 몇 개의 적당한 상징에 의하여, 직접체험을 대신한다고 하는 분명한 목적을 가지고 있습니다. 가톨릭 교회는 자신의 절대적인 권위에 의하여, 또 ─만약 이 말이 적당하다면─ 프로테스탄트교회는 신앙과 복음적 메시지를 강조함으로써 이 상징이 지닌 의미를 계속 유지하는 것입니다. 가톨릭과 프로테스탄트의 이 두 개의 원리가 그 힘을 보유하고 있는 한 인류는 직접적 종교체험에 대하여 효과적으로 보호하고 있는 것입니다.[24] 그 뿐만 아니라 어떤 직접적 종교체험이 생겨나는 경우라 할지라도 우리는 교회에 구원을 요구할 수 있습니다. 왜냐하면, 교회는 그 체험이 신으로부터 온 것인가, 악마로부터 온 것인가, 받아들일 수 있는 것인가, 거절해야 하는가를 결정할 수가 있기 때문입니다.

직업상 나는 직접체험을 했으면서도 교회의 권위에서 나온 결정에 복종할 수 없는 사람들을 많이 만났습니다. 이러한 사람들이 많은 위기에 직면하고, 많은 격심한 갈등에 고뇌하고, 미치지나 않을까 하는 불안을 지니며, 그로테스크하고 동시에 두렵기도 한 절망적인 혼란과 의기소침에 빠진 사람들을 만나지 않으면 안 되었습니다. 그 결과 나는 도그마나 의례가 ―최소한 정신위생의 수단으로서― 극히 중요한 것이라는 것을 확신하고 있습니다. 환자가 현재도 교회에 나가는 가톨릭 신자인 경우, 나는 그에게 고해성사와 영성체를 하라고 충고합니다. 그렇게 함으로써, 방치하면 곧 지나친 부담이 될 수도 있는 직접체험으로부터 몸을 보호할 수 있게 하려는 것입니다. 왜냐하면, 프로테스탄트에서는 도그마나 의례는 색이 바래고 무력하기 때문에, 그 효과도 대부분 잃어 버리고 있기 때문입니다. 보통 고해라는 것도 행해지지 않고 있습니다. 그 뿐 아니라 목사들도 일반인과 같이 심리학의 문제를 경원시하고 있고, 불행하게도 일반인과 똑같이 심리학에 대하여 무지하기까지 합니다. 이 점에서 가톨릭의 〈양심지도자들〉(즉 신부들—역주)이 인간심리의 미묘한 기미에 통달하여 있는 경우가 많고, 통찰력에 있어서도 뛰어납니다. 더구나 프로테스탄트의 목사가 대학의 신학과에서 받아 온 학문적인 훈련이라는 것이, 그 비판정신 때문에 소박한 신앙심의 기초를 흔들어 놓고 있는 데 반하여, 가톨릭의 사제교육 훈련에서 행해지는 압도적인 역사적 전통은 교회가 지닌 권위를 강화하는 방향으로 나가는 것이 보통입니다.

의사로서 나는 신경증의 여러 내용은 억압된 유아성욕(infantile sexuality) 혹은 권력본능(will to power)에 지나지 않는다고 하는 이른바 〈과학적〉 신앙을 신봉할지도 모릅니다. 그렇게 함으로써 심리적인 여러 내용에 대해서 적극적으로 어떤 가치가 없다고 간주함으로써 많은 환자를 직접경험의 위기로부터 지키는 것이 어느 정도 가능할지도 모릅니다. 그러나 나는 이 이론이 부분적으로만 진리라는 것, 즉 이 이론에 따라가면, 신경증심리의 어떤 측면만이 포착된다는 것을 알 수 있습니다. 그리고 나는 나 자신이 100퍼센트 확신하지 못하는 것을 자기 환자에게 말할 수는 없습니다.

그런데 나에게 다음과 같이 질문하는 사람이 있다는 것을 알고 있습니다. "만약 당신이 현재 교회에 나가고 있는 가톨릭 신자에게, 신부에게 가서 고해를 하라고 말한다면, 이 경우도 결국은 당신 자신이 믿지 못하는 것을 환자에게 말하는 것이 아닌가." 물론 이 질문은 내가 프로테스탄트라는 것을 가정해서 하는 말입니다.

　이 중대한 질문에 답하기 위해서 우선 말하고 싶은 것은, 나는 가능한 한 결코 나의 신앙을 설교하고 있는 것은 아니라고 하는 것입니다. 만약 내 신앙에 대하여 물어보는 자가 있다면, 무엇보다도 나는 나의 확신하는 바로써 이야기할 것인데, 그것도 나 자신이 알고 있다고 생각하는 범위내에서 이야기를 할 것입니다. 내가 확신할 수 있는 것은 내가 알고 있는 것에 대해서일 뿐입니다. 그 이외의 것은 모두 가설이며, 나는 자신의 지식을 넘어선 무수한 사실을 미지의 것으로 남겨 두고자 합니다. 그렇게 남겨 둔 사실들이 별로 나의 마음을 괴롭히지 않기 때문입니다. 그러나 그들에 대해서 무엇인가를 알지 않으면 안 된다고 느낄 경우에는, 그들 사실이 나의 마음을 괴롭히기 시작하는 것이 분명하다고 하겠습니다.

　그러므로 나는 환자가 자기의 신경증은 오로지 성적인 사실에 기인한다고 확신하는 경우, 나는 그 환자의 그러한 의견을 방해할 뜻이 없습니다. 왜냐하면, 이같은 확신은, 특히 그것이 깊은 원인에 뿌리박고 있는 경우에, 무서운 애매성을 지닌 직접경험의 습격에 대하여 훌륭한 방어벽이 될 수 있다는 것을 알고 있기 때문입니다. 나는 이와 같은 방어벽이 유효하게 작용하고 있는 한, 그것을 허물어 버릴 생각이 없습니다. 왜냐하면, 환자가 이와 같이 좁은 범위에서 생각할 수밖에 없다는 것에 대하여 거기에 강한 어떤 원인이 존재하고 있을 것임에 틀림없다는 것을 알기 때문입니다. 그러나 그때까지 방어벽의 역할을 해오던 이론이 환자 자신의 꿈에 의하여 파괴되기 시작하는 경우에, 나는 위에서 언급한 꿈의 경우와 같이, 환자가 지니고 있는 더욱 넓은 자아 쪽을 지지하지 않으면 안 됩니다.

　이와 똑같이, 그리고 이와 동일한 이유에서, 나는 교회에 나가고 있는 가톨릭 신자가 품고 있는 가설을(그것이 그 사람을 위해 작용하고 있는 한은) 변호합니다. 어떤 경우에 있어서이거나, 내가 지지하는 것은 중대한 위험에 대한 방어수단인데, 그때 나는 그 방어방법이 정도의 차이가 있겠지만 궁극적 진리일 것이냐 어떨 것이냐 하는 학문적인 문제는 묻지 않을 것입니다. 그 방어방법이 유효하다면, 그리고 유효한 한에서 나는 만족할 것입니다.

　위에서 예를 든 환자의 경우에서 보면, 가톨릭교회측에서 제공된 방어벽이 내가 그를 만나기 훨씬 이전부터 이미 파괴되고 있었습니다. 만약에 내가 고해성사나 그 밖에 이와 유사한 것을 그에게 권하였다면 나는 그의 조소를 받고 말았을 것입니다. 이와 똑같이 그는 신경증의 원인을 성적인 사실에서 구하는 이론도 비웃고 있었습니다. 이 이론도 그에게는 무용한 것이기 때문입니다. 그러나 나는 전적으로 목소리 편을 들고 있는 사람으로서, 이 목소리야말로 그가 장래 소유할 수 있는, 현재보다도 더 큰 자아의 한 부분이 될 것이므로 그를 현재와 같은 일면성으로부터 해방시킬 수 있는 사명을 맡고 있다는 것을 항상 그에게 깨우치려고 하였습니다.

계몽적 합리주의를 특색으로 하는 어떤 평범한 인텔리에게는 만사를 단순화시켜 보여 주는 학문적 이론을 가지게 되는데 그것이 대단히 훌륭한 방어수단이 되고 있습니다. 현대인은 〈학문적(scientific)〉이라는 간판을 붙이기만 하면 무엇이나 믿는 경향이 있기 때문입니다. 〈로마가 발언하면 만사는 낙착된다(Roma locuta causa finita)〉는 말과 똑같이, 〈학문적〉이라는 레테르만 붙이면 곧 여러분의 마음은 안심하게 됩니다. 사실을 말하자면, 나는 학문적인 이론이 아무리 정밀하더라도, 심리적 진리라는 면에서 보면, 그 가치에 있어서 종교적인 도그마보다 더 좋은 것이 못 된다고 생각하고 있습니다. 그 이유는 아주 단순합니다.

즉 도그마는 비유에 의해서 어떤 비합리적인 것의 전체를 표현하는 데 대하여 이론은 필연적으로 고도의 추상성을 띠고 있고, 오로지 합리적인 성격을 띠고 있기 때문입니다. 따라서 심리적 존재와 같은, 극히 비합리적인 사실의 실체를 보증하는 데는 도그마 쪽이 훨씬 적합합니다. 더욱이 도그마의 존립과 형태를 떠받치고 있는 것은, 한편으로는 신으로서 인간이 된 그리스도, 십자가, 처녀로부터의 탄생, 무염시태(無染始胎), 삼위일체 등, 이른바 〈계시된〉 직접 체험들이 있고, 또 다른 한 편으로는 많은 사람들과 많은 세기의 끊임없는 공동작업이 있습니다. 내가 어떤 도그마를 〈직접 체험〉이라고 불렀는데 그렇게 부른 이유가 여기서 충분히 설명되고 있지 않습니다. 왜냐하면, 도그마는 그 자체가 직접체험을 배제하는 것이기도 하기 때문입니다. 그러나 위에서 언급한 그리스도교의 도그마는 그리스도교에만 특이한 것은 아닙니다. 그리스도교에서 표현되는 비유적인 도그마들은 그리스도교 이외의 여러 종교에서도 빈번하게 나타나고 있을 뿐만 아니라, 아주 먼 옛날의 환각이나 꿈이나 황홀 상태(trances)에서 발생한 것과 같기도 하고, 모든 종류의 변용을 겪으며 존재하는 개개인의 심리적 현상으로서 자발적으로 재현되는 수도 있습니다. 이러한 모든 관념들은 누군가 개인이 창안해낸 것은 결코 아닙니다. 이런 관념들이 출현한 때는 인류가 아직 그 정신을 일정한 목적을 가진 활동으로 이용하는 것을 알기 이전이었습니다. 인류가 관념을 제조하는 것을 알기 이전에 관념은 먼저 인류에게 왔습니다. 인류가 생각해낸 것이 아니라 인류는 자신의 정신기능을 알아챈 것에 지나지 않습니다. 도그마는 말하자면 한 개의 꿈과 같은 것으로서, 그것은 객관적 심혼(즉 무의식)의 자발적·자립적인 활동이 반영되고 있습니다. 무의식으로부터 태어난 이와 같은 표현들은 그 후에도 계속 일어날 가능성이 있는 직접체험에 대한 방어수단으로서 하나의 학문적 이론보다도 훨씬 유효한 것입니다. 이론(theory)은 그 성질상 체험 가운데 포함되어 있는 감정적 요소를 도외시하지 않으면 안 되는 데 반해, 도그마는 그 감정적인 면을 가장 잘 포용하고 있습니다. 학문적 이론은 곧 다른 학문적 이론에 의하여 능가될 운명을 지고 있습니다. 그러나 도그마는 무수한 세기를 통해서 그 명맥을 보존하고 있습니다. 신이면서 인간이 된 수난의 도그마는 최소한 5천 년 이상 된 교리이며 삼위일체의 개념은 그보다도 더 오래된 것이라고 보여집니다.

도그마는 학문적인 이론보다도 더 완전하게 심혼을 표현합니다. 왜냐하면, 학문적 이론은 의식적인 정신만을 표현하고 형상화하기 때문입니다. 더구나 이론은 살아 있는 것들을 추상적인 개념으로밖에는 표현할 줄을 모릅니다. 이에 반하여, 도그마는 무의식의 살아 있는 과정을 참회라든가 회생이라든가 구원과 같은 드라마의 형태로 적절하게 표현하고 있습니다. 이런 관점에서 볼때, 오히려 놀라운 사실은, 프로테스탄트의 교파분열 현상은 피치못할 사실이라는 것입니다. 그러나 프로테스탄티즘이 호기심과 정복욕과 무분별을 그 특색으로 하는 모험적인 여러 종족의 신앙이 된 사실을 생각해 보면, 그러한 특수한 성격을 갖춘 게르만인들이 교회를 통하여 이루어진 평화에 전혀 만족할 수가 없었던 것입니다. 최소한 영속적으로는 일치할 수 없었습니다. 그들은 또 야만적이어서 신에 의한 구원행위에 만족하거나, 교회라는 장대한 조직 가운데에 나타나고 있는 신에게 무릎을 꿇는다거나 하는 것을 할 수 없었던 것처럼 보입니다. 교회는 —최소한 당시에 있어서나 현대에 있어서나 아직 충분히 길들여지지 않은 그들의 에네르기에 있어서는— 아마도 너무도 많은 로마 제국주의 혹은 팍스 로마나(Pax Romana)였습니다. 아마도 그들에게는 통제되지 않은 신에 대한 체험이 요구되고 있었는지 모릅니다. 그것은 또 너무도 젊기 때문에 어떤 형태의 보수주의나 순화(馴化)를 받아들이지 않고 있는, 모험적이고 안주를 하지 못하는 민족에게서 자주 보이는 것입니다. 그러므로 게르만인들은 정도의 차이는 있겠지만 신과 인간 사이를 중개하는 교회를 배제하고 있습니다.

이 방어벽을 철폐한 결과로서 프로테스탄트는 무의식 속에 포함되어 있는 중요한 요소인 신성한 이미지들을 잃어 버렸고, 동시에 무의식이 지니고 있는 헤아릴 수 없이 많은 힘과 대처하는 확실한 방법으로서 아득한 옛날부터 존재하여 온 의례의 체계와도 이별하였습니다. 그리하여, 방대한 양의 에네르기가 그 사슬을 끊고 곧 옛날의 호기심이나 정복욕을 자극하여, 그 결과 유럽은 많은 용(龍)을 만들어 내게 되었고, 이 용에 의하여 세계의 태반은 삼킴을 당하였던 것입니다(여기서 용은 카오스, 무의식, 직접체험에 의하여 대면하게 되는 여러 정신적 상황을 상징한다─역주).

저 종교개혁 이래 프로테스탄티즘은 각종의 분파의 온상이 됨과 동시에 학문과 기술의 급속한 발달을 가져와, 여기에 현혹된 인간의 의식은 예측키 어려운 여러 힘을 지닌 무의식의 존재를 망각하여 버렸습니다. 세계 제1차 대전의 파국과 여기에 뒤따라 일어난 정신의 뿌리 깊은 결함을 보여 온 많은 이상한 사건을 경험해 보면서 비로소 우리는 백인종의 정신이 과연 건전한가, 하는 것을 의심하기 시작하였습니다. 전쟁이 발발하였을 때만 해도 세계는 이성적인 방법으로 올바르게 운영되고 있다는 것에 대하여 의심하지 않았습니다. 그런데 오늘날 우리는 많은 국가들이 저 낡은 신정국가(theocracy)의 제도를 이어받고 있는 놀라운 광경, 즉 필연적으로 자유언론을 억압하는 전체주의의 광경을 보게 됩니다. 다시 우리는 인간들이 이 세상에 어떻게 낙원을 세울 것인가, 하는 어린애 같은 이론을 떠받들기 위해서 다른 사람의 목을 치는 광경을 보게 됩니다. 이전에는 교회라는 거대한 정신체계 가운데서 정도의 차이는 있겠지만 억압되고 순화되어 온 명계(冥界)(지옥이라고 말해서는 안 된다)의 여러 힘들이 지금은 심혼 혹은 정신의 관점에서 매력을 잃어 버린 국가적 규모의 노예제도나 감옥을 창조하고 있거나 최소한 창조하려고 하는 것은 명확합니다. 오늘날은 단순한 인간 이성을 가지고서는 한번 폭발하기 시작한 화산을 억제한다는 거대한 일을 과연 해낼 수 있을지, 거기까지 이르는 데는 충분하지 않다고 확신하는 사람들이 많이 있습니다.

사태의 이러한 발전은 운명적인 것이기 때문에 나는 그 책임을 프로테스탄티즘이나 르네상스에 돌리지 않으려고 합니다. 그러나 단지 하나 움직일 수 없는 사실이 한 가지 있습니다. 그것은 즉 프로테스탄트이거나 아니거나 간에 모든 현대인이 로마시대 이래 신중히 건축하여 오고 보강하여 온 교회라는 방어벽을 잃어 버렸다고 하는 것, 그리고 그 상실의 결과로서 세계의 파괴와 창조의 근원이 열대지대에 한층 접근하게 되었다는 것입니다. 인생의 속도와 밀도는 증가하고 우리를 포함한 세계는 불안과 공포의 파도에 밀려 스며들고 있습니다.

프로테스탄티즘은 하나의 큰 모험임과 동시에 하나의

큰 가능성이기도 합니다만 오늘날도 이 사정은 변하지 않고 있습니다. 프로테스탄티즘이 교회로서 그 분열적 경향을 지니고 있는 한, 인류는 무의식 가운데서 해방을 대망하고 있는 여러 힘들의 직접체험에 대하여 그 몸을 지킬 수 있는 모든 정신적 보증이나 방어수단을 빼앗겨 버리고 있습니다. 우리의 이른바 문명사회에 만연하고 있는 믿을 수 없을 만큼 큰 잔인성을 주목해 보십시오. 그것은 모두 인간의 본질과 그 정신상황에서 나오는 것입니다. 또 인류가 파괴의 수단으로 고안해 낸 악마적인 수단들을 보십시오. 그것은 모두 전혀 남에게 해를 줄 것 같지 않은 신사 여러분들에 의하여, 무엇 하나 비난받을 만한 것이 없는, 세상에서 존경을 받고 있는 이성적인 시민 여러분들에 의하여 발명된 것입니다. 그리고 모든 것이 폭발하고 파괴의 형언할 수 없는 지옥이 야기될 때 이상하게도 아무도 이에 대해서 책임이 있는 사람이 없는 것 같습니다. 그것은 어떤 인위적인 것이 가해지지 않은 사건인 듯이 보여지지만 그러나 모든 것이 인간의 작위에 근거하고 있음은 틀림없는 일입니다. 그러나 모든 사람들이 자기가 지니고 있는 범용(凡庸)하고 하찮은 의식만이 자기라고 간단히 생각하고 있기 때문에, 자기의 의무를 다하고 적절한 생활비를 벌고 있을 뿐이라고 믿고 있기 때문에, 그 누구도 우리가 국가와 국민이라고 부르고 있는 이 합리적으로 조직된 집단전체가 누구에 의해서도, 또 무엇에 의해서도 억지할 수 없는 일견 비인격적이고, 눈에 보이지 않는, 그러나 공포적인 힘에 의해 유린되고 있다는 것에 대해서 알지 못하고 있습니다. 이 공포적인 힘은 이웃나라에 대한 공포만으로도 설명되는 것이 보통인데, 이같은 말을 하는 사람의 말을 빌리면, 이웃나라는 악의를 가진 악마에 빙의되어 있다고 하는 것입니다.

자기 자신이 어떤 점에서, 어떤 정도로 빙의되어 있는가, 또 무의식적인가 하는 것을 인식하는 것은 누구도 할 줄 모르므로 누구나 자기 자신의 상태를 곧 이웃에 투영하게 되고, 그리하여 가장 큰 대포를 만들고 가장 강한 독가스를 가지는 것이 신성한 의무라고 생각하게 되는 것입니다. 더욱이 가장 나쁜 것은 그것이 절대 옳다고 하는 주장 밑에서 이루어진다고 하는 것입니다. 모든 이웃들도 그들 자신과 마찬가지로 제어(制御)되지도 않고 또 할 수도 없는 불안에 의해 지배되고 있습니다. 불안에 사로잡힌 환자 쪽이 노함이나 증오에 붙들린 환자보다도 훨씬 위험하다는 사실은 정신병원에서 이미 알려진 사실입니다.

그런데 프로테스탄트는 다만 신에게만 몸을 맡기고 있습니다. 그들에게는 고해, 사죄, 그 밖에 신의 작용(opus divinum)에 의하여 죄가 없어질 가능성은 없습니다. 그는 자신의 죄를 자기 혼자 마음 속에 품고 소화시키지 않으면 안 되고, 그에 상응하는 의식(儀式)이 없기 때문에 손에 넣을 수 있는 신의 은총에 대해서도 절대적인 확신을 가질 수가 없습니다. 프로테스탄트의 양심이 민감하게 된 것도 이 사실 때문입니다. 이와 같이 편안하지 못한 양심은 잠행성(tendency to linger)의 병과 동시에 불유쾌한 성질을 가지고 사람들을 불만상태로 이끌어 갑니다. 그러나 이 사실 때문에, 프로테스탄트에는 가톨릭적인 사고방식으로는 도저히 기대할 수 없을 정도에까지 죄를 의식하는 독자적인 기회가 주어지고 있습니다. 왜냐하면, 가톨릭의 경우에는 고해와 면제라는 제도가 항상 지나친 긴장을 자기가 처리하지 않으면 안 되는데, 그것이 계속해서 그의 양심을 더욱 날카롭게 할 수가 있습니다. 양심은(그 중에서도 특히 편안치 못한 양심) 그것이 높은 자기비판으로써 사용된다면 하늘로부터 주어진 것이나 참된 은혜가 될 수 있습니다.

   자기 자신의 심리를 이해하는 데에는 자기 자신의 내면으로 향하여진 분석활동으로서의 자기비판이 절대 불가결한 수단이 되고 있습니다. 무엇인가 자기가 해석할 수 없는 것을 하거나, 무엇이 자기를 그렇게 하도록 하는지 자문하게 되는 경우, 이 자기 자신의 행동의 동기를 발견하기 위해서는 편안하지 못한 양심에 의한 책동과 거기에 상응하는 식별력이 필요합니다. 그렇게 해서 비로소 자신의 행동이 어떤 동기에 의해서 지배되는가를 통찰하는 것이 가능하게 됩니다. 편안하지 못한 양심이 지닌 가시는 이전에는 무의식이었던 여러 사실을 발견하게 하고, 이렇게 하여 우리는 무의식의 영역을 넘어서서, 우리 한 사람 한 사람을 인간 가운데 잠겨 있는 대량 살인자의 무의식적 도구로 만들고 있는 저 비인격적인 여러 힘들을 알 수 있게 합니다. 만약 한 사람의 프로테스탄트가 교회와 완전히 인연을 끊고, 그러고도 프로테스탄트로 남아 있다면, 즉 어떤 무장도 없이, 어떤 방어벽이나 교단으로부터 보호를 받지도 않고 직접 신과 대면하는 인간이 있다면, 이와 같은 사람이야말로 직접적 종교체험을 하게 되는 독자적인 전신적 가능성을 가지게 됩니다.

무의식의 체험이 나의 환자에게 어떤 의미가 있었는가, 나의 지금까지의 서술에 의하여 모두 납득되었는지 나는 잘 모르겠습니다. 그러나 이와 같은 체험의 가치를 잴 만한 객관적인 척도가 없습니다. 우리로서는 그러한 체험을 한 그 체험자 자신에 대하여 지니고 있는 의미를 그대로 인정하는 수밖에 없습니다. 그러므로 여러분들은 일견 어떤 의미도 가지고 있지 않은 듯이 생각되는 여러 꿈들이 인텔리들에게 무엇을 의미할 수 있는가 하는 사실에 놀라움을 느끼게 될 것입니다. 그러나 여러분들은 그 인텔리가 자기의 꿈에 대하여 말하고 있는 것을 그대로 받아들일 수 없다면, 혹은 그 인텔리의 입장에 설 수가 없다면, 그 인텔리에 대하여 그러한 비판을 할 자격은 없다고 말하고 싶습니다. 〈종교의 데몬(genius religiosus)〉은 〈바람이 부는 곳으로 불려간다(wind that bloweth where it listeth)〉는 말과 흡사합니다. 객관적 판단을 할 근거가 되는 알키메데스점(點)이 어디에도 존재하지 않습니다. 왜냐하면, 심혼과 그 발현형식과는 서로 뗄 수 없이 연결되어 있기 때문입니다. 심혼은 심리학의 대상이지만 운명적이게도 동시에 인간의 주체이기도 합니다. 이 사실로부터 온 장애를 넘어서는 것은 우리 인간의 능력범위 밖에 속하는 것입니다.

내가 〈직접체험〉의 예로써 든 몇 개의 꿈은 비경험자의 눈으로 볼 때는 분명히 주제넘는 일입니다. 그들은 별로 극적인 내용도 가지고 있지 않고, 단지 온건한 태도로 환자의 개인적인 체험을 그대로 전하고 있을 뿐일 것입니다. 무엇보다도 그 꿈들은 만약 내가 그 시리즈에 속하는 꿈 전체와 관련시키고 또 전과정의 경과 중에서 모아진 풍부한 상징요소와 함께 개진할 수 있다면 더욱 의미가 통하는 것이 되었을 것입니다. 그러나 이 시리즈에 속하는 꿈 전체를 다 놓고 본다고 하더라도 아름다운 점에 있어서나 표현의 강한 점에 있어서나 전통적인 종교에서 표현하는 어떤 것에는 도저히 미치지 못할 것입니다. 도그마라는 것은 예외없이 많은 사람들과 많은 세기에 걸쳐 획득된 결과이며 성과입니다. 그것은 개인적 체험에 지나지 않는 기괴함, 불충분함, 결점을 불식시켜 버리고 있습니다. 그럼에도 불구하고, 개인적 체험은 대단히 빈궁한 형태로나마 직접적 생명일 것이며 오늘날까지 맥박치고 있는 붉고 따뜻한 피인 것입니다. 그것은 진리를 찾는 사람들의 가슴에 최고의 전통에서보다도 더욱 강한 힘을 가지고 호소해 옵니다. 그러나 직접적 생명은 항상 개인적입니다. 왜냐하면, 생명을 떠받치고 있는 것은 개체이기 때문입니다. 그리고 무엇이나 개체로부터 생겨나온 것은 어떤 의미에서 일회적이고, 그 때문에 또 일시적이고 불완전합니다. 특히 꿈이나 꿈과 유사한 심혼의 자발적인 소산의 경우에 그러합니다. 그 증거로 동일한 문제를 가진 사람의 수는 많지만, 두 사람이 동일한 꿈을 꾸는 경우는 결코 없습니다. 그러나 아무리 고도의 분화를 하는 개체라 하더라도 어디서부터 어디까지가 다른 개체와 다른지에 이르기까지는 알 수 없는 것과 같이, 개인이 만들어낸 어떤 것이라 하더라도, 절대적인 독자성을 과시하는 데까지는 이르지 못하고 있습니다.

　꿈도 그 내용에서 보면 집합적(다른 사람이 본 꿈과 공통적이라는 의미에서―역주) 재료가 접하는 비율이 극히 높고 그것은 마치 어떤 종류의 모티브는 여러 민족의 신화나 전설 가운데서 거의 동일한 형태를 취하고 반복해서 나타나는 것과 동일합니다. 이런 종류의 모티브를 나는 원형(archetype)이라고 부르는데, 이 말은 신화의 구성요소임과 동시에 무의식의 자연발생적, 개인적인 소산으로서 거의 전지구상의 어디에서나 볼 수 있는 집합적 성격을 가진 형식이나 형상을 의미합니다. 원형적 모티브는 아마도 인간정신의 소산 가운데서도 원형적 패턴으로부터 출발하는데, 그것은 전통이나 이주(移住)에 의해서뿐 아니라 유전에 의해서도 계승되는 부분이 있는 것처럼 생각됩니다. 원형이 유전에 의하여 계승된다고 하는 가설은 필수불가결합니다. 왜냐하면, 아무리 복잡한 원형적 이미지일지라도 어떤 직접적인 전통이 없이도 자동적으로 재생산될 수 있기 때문입니다.

의식 이전에 존재하는 근원적인 여러 이념에 대한 이와 같은 가설이 결코 나의 발명이 아니라고 하는 증거로 〈원형〉이라고 하는 말이 이미 기원 후 최초의 수 세기의 산물이라는 것을 들고 싶습니다.[25] 이 가설을 특히 심리학과 관련시켜 논한 것으로 아돌프 바스치안(Adolf Bastian)[26]과 다시 니이체[27]의 작품에서 보입니다. 불란서 문헌에서는 유베르(Hubert), 모쓰(Mauss)[28], 레비뷰릴(Lévy‐Bruhl)[29]에게서 이와 유사한 생각이 보이고 있습니다. 내가 말하려고 하는 것은 개개의 것에까지 상세하게 논하는 것보다는 전에 근본적 혹은 근원적인 이념, 카테고리, 〈의식의 기본적 습관(habitudes directrices de la conscience)〉, 그 밖의 명칭으로 불려지는 것에 대한 경험적인 근거를 부여하려는 것 뿐입니다.

앞에서 논한 두 번째 꿈 가운데서 우리는 하나의 원형을 만났는데 우리는 아직 그것에 대해서는 논하지 않았습니다. 불타는 촛불이 피라밋형의 4개의 첨단을 이루고 있는 저 기묘한 배열이 즉 그것입니다. 이 배열은 4라는 수가 지닌 상징적 의미를 강조하고 있습니다. 왜냐하면, 이 배열에서 4라는 수가 제단이나 성상궤(聖像櫃)를 대신하고 있기 때문입니다. 교회(성전)의 이름은 〈정신통일의 집〉이 되고 있기 때문에 우리는 이 교회의 성격은 제단으로 나타나고 있는 상 혹은 상징으로 표현되고 있다고 생각하는 것이 좋습니다. 이 환자의 꿈에서도 확실히 알 수 있는 바와 같이, 피타고라스의 이른바 테트락티스(tetraktys: '4'의 數)는 〈정신통일〉과 관련하고 있습니다.[30] 이 상징은 다른 꿈에도 나타나고 있습니다만 대개의 경우에 4개의 부분으로 나누어진 원이라는 형태를 취하고 나타나고 있습니다. 똑같은 시리즈에 속하는 다른 꿈에는 분할되어 있지 않은 원, 꽃, 정방형의 광장 또는 방, 4각형, 글로브, 시계, 중앙에 분수가 있는 시메트릭한 정원, 보트나 비행기에 타고 있는 4사람, 혹은 테이블에 앉아 있는 4사람, 테이블 주위에 있는 4개의 의자, 4개의 색, 바퀴살이 8개 있는 차, 8방으로 빛을 뿜고 있는 별 또는 태양, 8개의 부분으로 나뉘어진 모자, 4개 들어 있는 그릇, $4 \times 8 = 32$, 즉 32로 나누어진 문자판 있는 우주시계 등의 형태를 취하고 나타나고 있습니다.

 4라는 수와 관계하는 상징은 400개의 꿈 가운데서 71회 나오고 있습니다. 이 점에서 생각해도 내가 위에서 든 예가 예외는 아니라는 것을 알 수 있습니다. 나는 4라는 수가 나오는 예를 많이 관찰하였습니다만 이 경우 항상 무의식의 소산이었습니다. 즉 꿈을 본 본인은 항상 꿈을 통하여 처음으로 4라는 수를 만나게 되고, 그것이 어떤 의미를 가지는지 전혀 알 수 없을 뿐만 아니라 그것이 상징적인 의미를 가질 수 있다는 것에 대해 한번도 들어본 적이 없습니다. 물론 이 경우 수가 3이었다면 사정은 달라졌을 것입니다. 3이라는 수에 맞는 상징적인 의미는 널리 인식되고 있기 때문입니다. 그러나 4라는 수는 우리에게, 그리고 현대학자에게는 한 개의 보통의 숫자에 지나지 않습니다. 그러므로 여러 수가 지닌 상징적인 의미나 그 빛나는 역사를 안다고 하는 것은 우리가 지금 문제로 하고 있는 환자의 정신적 흥미와 하등의 관계가 없습니다. 이와 같은 조건하에서, 그리고 꿈 가운데서 4라는 수의 중요성이 강조된다면 우리는 그 원인이 무의식에 있다고 단언할 충분한 권리가 있습니다. 4라는 수가 지닌 누미노제적 성격은 두 번째 꿈에서 분명히 나타나고 있습니다. 이 사실에서 우리는 4라는 수가 의미하는 것은 〈성스러운 것(Sacred)〉이라고 부를 수 있는 것이라고 결론내릴 수 있습니다. 환자 자신은 이 특수한 성격을 어떤 의식적인 원인과 관계시켜 생각할 수 없기 때문에, 이 상징이 지닌 의미를 해명하기 위해서 나는 비교하는 방법을 사용하려고 합니다. 물론 내가 사용한 비교방법을 이 책의 구조 안에서 완전하게 설명한다는 것은 불가능한 일입니다. 그러므로 나는 단순한 개요에 그치려고 합니다.

무의식이 지닌 내용에는 인간정신의 과거의 상태의 잔재라고 볼 수 있는 것이 많이 있기 때문에 1,2세기만 거슬러 올라가면, 지금 우리가 문제로 하고 있는 꿈에 조응(照應)할 만한 의식수준에 도달하는 것을 관찰할 수 있습니다. 지금의 경우, 우리는 300년만 거슬러 올라가도 원의 구적법(求積法: quadratura circuli)의 수수께끼를 진지하게 논의하고 있는 자연과학자나 자연철학자들의 논의를 볼 수 있습니다.[31] 이 기묘한 문제는 그 자체가 낡고 완전히 무의식적인 사실의 심리학적인 투쟁에 지나지 않습니다. 그러나 당시의 사람들은 원이 신의 상징이라는 것을 알고 있었습니다. 당시의 철학자 중의 한 사람은 "신은 지적인 형상이며, 그 중심은 어디에나 존재하지만, 그 주변이라 할 만한 것은 어디에도 존재하지 않는다(Deus est figura intellectualis, cujus centrum est ubique, circumferentia vero nusquam)"라고 말하고 있는데, 동시에 이 말은 성 아우그스틴의 말을 반복한 것이기도 합니다. 에머슨(Emerson)과 같이 내향적이고 내성적인 사람도 이와 동일한 관념에 도달하고 있는데, 위와 똑같이 그도 아우그스틴을 인용하고 있습니다. 헤르메스 철학의 최고 권위인 플라톤의 티마이오스(Timaeus) 이래 가장 완전한 형태로 간주될 수 있는 원은 가장 완전한 실체인 금(金)의 형태를 취하고, 또 〈세계의 영(anima mundi)〉 혹은 〈자연의 중심인 혼(anima media natura)〉 및 최초로 창조된 빛의 형태를 취하고 있습니다. 그리고 대우주(macrocosm)가 조물주에 의하여 원형 혹은 구상(球狀)의 형태(in forma rotunda et globosa)[32]로 만들어졌기 때문에 전체를 구성하는 최소부분인 점도 똑같이 완전한 성질(즉 원형)을 가지고 있습니다. 즉 플라톤의 말을 빌리면 "모든 형상 가운데서 가장 단순하고 가장 완전한 것은 첫째로 한 점에서 끝나는 원이다(Omnium figurarum simplicissima et perfectissima primo est rotunda, quae in puncto requiescit)"라고 할 수 있습니다.[33] 물질 가운데 잠들어 숨어 있는 신의 모습이야말로 연금술사들이 최초의 혼돈, 낙원의 땅, 바다 가운데 있는 둥근 물고기와 알, 혹은 단순히 〈둥근 것(rotundum)〉이라고 부르는 것입니다. 이 둥근 것은 달혀진 물질의 문을 여는 마법의 열쇠를 가지고 있습니다. 『티마이오스』에 기술되어 있는 바와 같이 창조자(즉 완전한 존재)만이 대원소를 포용한 태트락티스(tetraktys)를 열 수가 있는 것입니다.[34] 13세기 이래 최고로 권위있는 책의 하나인 『현자의 무리(Turba philosophorum)』에는 둥근 것(rotundum)은 구리를 넷으로 분해할 수 있다고 쓰고 있습니다.[35] 그러므로 그것은 많은 사람들이 갈망하는 〈현자의 둥근 황금(aurum philosophicum)〉이라고 하는 것입니다.[36] 어떻게 하여 잠들어 있는 창조자(demiurge)를 획득할 수 있는가에 대하여는 의견이 갈라져 있습니다. 어떤 사람들은 그 물질에 특별히 응축(凝縮)한 형태 혹은 그 물질에 특별히 적합한 형태인 〈제1원칙(prima materia)〉을 취하는 것이 첫째라고 말하고, 다른 사람들은 콘중시오(Conjunctio : '結合'의 뜻—역주)라고 불려지는 일종의 종합에 의하여 둥근 물질을 만들어 내려고 노력합니다. 예를 들면 『현자의 로사리오(Rosarium Philosophorum)』의 저자인 익명의 저자는 "남과 여로부터 둥근 원을 만든다. 그 가운데서 정방형을 추출하고, 다시 그것으로부터 3각형을 만든다. 원을 만드시오. 그러면 당신은 현자의 돌을 획득할 수 있

습니다."라고 말하고 있습니다.[37]

이 기적의 돌은 엠페도클레스의 스파이로스(Sphairos: 完全한 球—역주) 및 플라톤에서 이른바 양성(兩性)을 구비한 구형(球形)의 인간과 똑같이, 남녀 양성을 겸비한 완전한 생물의 상징이라고 할 수 있습니다.[38] 이미 14세기 초엽에 이 돌은 페트루스보누스에 의하여 그리스도에 비교되었고 알레고리아(Allegoria: 比喩의 뜻—역주)라고 불려지고 있습니다. 그러나 위(僞)토마스 아퀴나스의 저작이라고 하는 13세기의 논문 『황금의 때(Aurea Hora)』에서는 이 돌의 신비가 그리스도교의 신비보다도 더욱 중요한 것이 되고 있습니다.[39] 내가 이 사실을 언급하는 것은 다만 4라는 수를 포함하고 있는 원이나 구(球)가 당시의 많은 학자들에게는 신의 비유로서의 의미를 가진다는 것을 보여주려고 하는 것 뿐이다.

이와 똑같이 라틴어의 논문을 보면 원질 가운데 숨어 잠들고 있는 잠재적인 데미우르그(Demiurge)는 제2의 아담이라고 할 수 있는 이른바 철학적 인간(homo philosophicus)과 동일하다는 것이 판명되고 있습니다.[40] 이 제2의 아담은 아담카드몬(Adam Kadmon), 즉 정신적으로 높은 인간인데 이따금 그리스도와 동일시되고 있습니다. 부패하기 쉬운 4대 원소로 만들어진 최초의 아담이 죽을 수밖에 없는 데 비해서, 제2의 아담은 부패하지 않는 순수한 질료로 만들어졌기 때문에 불사의 것이 되고 있습니다. 예컨대, 앞에서 든 토마스의 위작(僞作)에는 다음과 같이 기록되어 있습니다. "제2의 아담은 순수한 여러 원소로부터 영원으로 이행해간다. 그러므로 그는 단순하고 순수한 본질로 이루어졌기 때문에 영원히 멸하지 않는다(Secundus Adam de puris elementis in aeternitatem transivit. Ideo quia ex simplici et pura essentia constat, in aeternum manet)"[41] 중세기에 가장 권위있는 대가였던 세니오르(Senior)는 "결코 죽지 않는 실체가 있는데 그것이 항상 증가를 계속하기 때문이다"고 말하고 있습니다. 이 실체는 제2의 아담이라고 부르는 것입니다.

  이 인용문에서도 분명해진 바와 같이 당시의 철학자들이 찾고 있던 원형(圓形)의 실체는 그 본질로부터 말한다면, 우리가 지금 문제삼고 있는 환자의 꿈에 나타나진 상징과 대단히 유사한 투영물이란 것을 알 수 있습니다. 철학적인 저작 가운데에는 때때로 꿈이나 환각, 환시 같은 것이 섞여 있다는 것은 역사적으로 증명할 수 있습니다.[42]

  정신적으로 보다 소박했던 우리의 선인들은 그들의 무의식 내용을 물질에 투영하였습니다. 그러나 당시에는 아직 물질은 미지의 것이고 이해할 수 없는 것이었기 때문에 그러한 투영이 쉽게 물질에 부여되었던 것입니다. 그리고 인간은 신비스러운 것과 만날 때마다 그것에 대한 자기의 상상을 아무런 반성도 없이 그 가운데 투영해 버리는 것입니다. 그러나 물질의 화학적인 성질에 대하여 잘 알고 있는 오늘날의 우리는 옛날 사람들보다는 자유스럽게 물질에 투영할 수가 없습니다. 결국 우리는 4라는 수에다 어떤 상징적인 의미를 부여하는 것은 심리적인 것에 기인하는 현상이라는 것을 인정하지 않을 수 없습니다.

다소의 차이는 있겠지만 먼 미래에 이것도 하나의 투영에 지나지 않는 것으로 판명될 것인지 어떤지는 알 수가 없습니다. 지금 우리는 현대인의 의식적 정신 가운데에는 분명히 보이고 있지 않은 신의 관념이, 300년 내지 400년 전에는 의식의 내용을 이루고 있던 알려진 형태를 취하고 다시 나타났다는 사실을 확인하는 것만으로도 충분합니다.

정신사의 이러한 경위를 환자가 모르고 있다는 것은 이미 말한 바 있습니다. 어떤 고전 시인의 말을 빌리면, "자연을 가래로 쫓아내 보라. 그러나 자연은 언제나 제자리로 되돌아온다(Naturam expellas furca tamen usque recurret)"고 말하고 있습니다.

옛날의 철학자들은 신이 최초로 자신을 계시한 것은 4대 원소의 창조라는 형태라고 생각하고 있습니다. 원이 네 개로 나뉘어진 것은 이 4대 원소의 상징입니다. 그러므로 부르키아누스 고사본(古寫本)에 있는 곱트계(系)의 논문에는 신의 유일 독자로서 태어난 아들 모노게네스(Monogenes: 獨生子의 뜻—역주) 및 안트로포스(Anthropos: 人間의 뜻—역주)에 대해서 다음과 같이 서술하고 있습니다. "단자(單子: Monad) 안에 거하고 있는 것은 다른 것이 아닌 바로 그이다. 단자는 세테우스(Setheus: 創造者) 가운데 있다. 단자는 어디서 왔는지 아무도 모른다… 단자는 아무도 알지 못하는 장소로부터 온갖 좋은 것들을 산 같이 실은 배의 형태를 하고, 온갖 나무로 가득 차고 심어진 밭과 같은 형태로, 온갖 종류의 인간이 거하는 도시의 형태를 취하고 온다… 12개의 문이 있고 방벽과 같이 그 도시를 둘러싸고 있다… 다름아닌 이 도시야말로 신의 독생자로서 태어난 도시(metropolis)인 것이다." 또 다른 자리에서 안트로포스 자신이 도시이며 그 팔다리는 4개의 문이 되고 있습니다. 단자는 신의 섬광(Spinther)이며 신의 원자(atom)입니다. 모노게네스는 그리스도교회의 상징적 승용(乘用) 동물(riding animal)이 되고 있는 테트라모르푸스(Tetramorphus: 4개의 形이란 뜻—역주) 위에 서 있는 것으로서 생각되고 있습니다. 묵시록에 있는 이른바 새로운 예루살렘(New Jerusalem)의 개념과 이 텍스트와의 유사성도 분명하게 보이고 있습니다.

　4분할(四分割), 4의 종합, 아름다운 4색의 출현, 작품의 4단계―즉 검은 것(nigredo), 흰 것(dealbatio), 붉은 것(rubefactio), 황색(citrinitas)―는 옛날 철학자들의 끊임없는 관심의 대상이었습니다.[43] 4라는 수는 하나(One)의 부분, 질, 모습을 상징하고 있습니다. 그러나 왜 우리의 환자는 그같은 옛날의 관념을 반복하지 않으면 안 되었는가 하는 의문이 남습니다.

　나는 그 이유를 알지 못합니다. 내가 아는 것은, 이것은 결코 예외적인 돌발사례가 아니라는 것뿐입니다. 내 자신, 아니 친구들의 경험으로 보더라도 자동적으로 이와 동일한 상징이 나타난 사례는 이밖에도 많이 있습니다. 나는 이 상징이 300년 내지 400년 전에 발생했다고 생각하지 않습니다. 다만 당시는 이 상징이 특히 논의되었던 시대였다고 하는 데 지나지 않습니다. 사실상 이같은 사고방식 자체가 중세기보다 훨씬 이전에도 존재했다고 하는 것은 『티마이오스』를 보면 알 수가 있습니다. 왜냐하면, 이 관념은 실제로 이 지상 어디에서나 발견되고 어느 시대에나 발견되고 있기 때문입니다. 예를 들면, 인도인이 4라는 수에 얼마나 중요한 의미를 부여하는가를 생각해보면 알 수 있을 것입니다.

　4라는 수가 아주 옛날 아마도 선사시대 이래의 상징이

고, 항상 세계를 창조하는 시의 관념과 관련하여 생각되어 오고 있음에도 불구하고 꿈에서 이 상징을 본 현대인은 거의 이 상징의 의미를 이해하고 있지 못합니다. 이 상징의 역사에 대하여 아무런 가르침도 받지 않고 다만 자신의 생각에만 맡겨져 있는 경우, 꿈에서 이 상징을 본 사람들이 그것을 어떻게 해석하는가는 항상 나의 특별한 관심이었습니다. 그래서 나는 나 자신의 의견으로 그들을 혼란에 빠뜨리게 하지 않으려고 특별한 주의를 기울이고 있지만, 그 결과 항상 알 수 있었던 것은, 그들은 이 상징을 그들 자신이나 혹은 보다 적절히 말하면 그들 자신 안에 있는 어떤 것을 상징하고 있다고 해석하는 것이었습니다. 그들은 그것을 가장 내밀한 의미에서 그들 자신에 소속하고 있는 것, 일종의 창조적인 배경, 혹은 무의식의 깊이 속에 잠겨 있는 생명을 산출하는 태양과 같은 것으로 느끼고 있습니다.

비록 그것이 이따금 에제키엘(Ezekiel: 구약성서에 나오는 예언자―역주)이 본 꿈이었다는 것을 아는 것은 어렵지 않지만, 꿈을 꾼 본인이 이 유사성을 인식한다는 것은 극히 드물고, 그뿐 아니라 에제키엘이 본 꿈의 이야기도 아주 소수인밖에는 이해를 못 하는 것입니다(어쨌든 오늘날에 이 사실을 알고 있는 사람의 수는 극히 적습니다). 거의 조직적이라고 해도 좋을 정도의 맹목성이 보여지는 것

도그마와 자연적 상징 119

도 그 이유는 간단한데, 오늘날의 사람들의 머릿속에서 신은 인간 밖에 존재하는 것이라고 하는 선입관이 작용하기 때문입니다. 이 선입관은 결코 그리스도교의 독점물은 아니지만 이러한 선입관을 갖지 않은 종교도 약간은 있습니다.

이러한 종류의 종교는 그리스도교의 신비주의자에 속하는 사람들과 같이 신과 인간은 본질적으로 동일하다고 주장하는데, 이 동일성은 선천적인 경우도 있지만 어떤 수행이나 이니시에션(initiation: 神秘傳授)에 의하여 달성되는 경우도 있고, 그 밖의 경우는(어떤 요가방법은 말할 것도 없고), 예컨대 아풀레이우스(Apuleius)의 『메타모르포스(metamorphoses)』에서도 보이고 있습니다.

비교방법을 사용하여 검토해보면, 4라는 수의 상징은 창조행위에 의하여 자기를 드러내는 직접적인 표현물이라는 것은 의심의 여지가 없습니다. 그러므로 우리는 현대인의 꿈 가운데서 자발적으로 나타나는 이 상징이 이와 동일한 것─즉 인간의 내면에 있는 신─을 의미하고 있다고 생각할 수 있습니다.

환자의 대부분이 이 유사성(analogy)을 인식하고 있지 못한 것이 사실이지만, 그럼에도 불구하고, 우리의 해석은 옳습니다. 만약 우리가 신의 관념이 〈비과학적〉인 가설이라는 사실을 생각해본다면, 왜 사람들이 우리의 해석과 같은 이 방향으로 사물을 생각하는 것을 망각하고 있는지 그 사정을 쉽게 설명할 수 있을 것입니다. 비록 신에 대한 어떤 신앙을 가지고 있는 경우라도 신의 관념을 〈신비적인〉 것이라고 항상 경멸하는 것을 교육받아 온 현대인은, 인간의 내면에 들어 있는 신을 생각할 때도 공포심을 잊습니다.

그러나 다름 아닌 이 〈신비적인〉 관념이야말로 무의식의 자연발생적인 경향에 의하여 의식계에까지 떠오른 것입니다. 이런 종류의 상징이 형성되어 온 예를 많이 보아 온 나와 나의 친구들은 더이상 이 상징의 존재를 의심할 수가 없게 되었습니다. 더욱이 내가 이런 종류의 사례에 처음으로 접한 것은 1914년이었는데, 그 후에 나는 14년 동안을 기다렸다가 책을 통해서 이 사실을 공개하였습니다.

지금까지 내가 언급해 온 것을 가지고 신의 존재의 증명이라고 해석하는 사람이 있다면 그것은 대단히 유감스러운 오해입니다. 나는 다만 신에 대한 어떤 원형적 형상의 존재를 증명하고 있을 뿐이며, 나로서 신에 대하여 심리학의 입장에서 할 수 있는 발언은 이것으로 다 했다고 생각합니다. 그러나 이 원형적인 신의 상은 대단히 중요하고 영향력을 미치는 것이 크기 때문에, 그것이 비교적 빈번히 나타나고 있다는 사실은 모든 자연신학(theologia naturalis)에서 주목할 만한 일이라고 생각합니다. 따라서 누미노제적 성격을 (이따금 대단히 고도로) 띠고 있는 원형적 체험은 종교적 체험이라고 부를 수 있습니다.

나는 그리스도교에서 중심적인 위치를 점하고 있는 상징은 3이라는 수와 관계하고 있는데 반하여, 무의식에 의하여 산출되어 나오는 상징이 모두 4라는 수에 근거하고 있다는 흥미있는 사실을 지적하지 않을 수 없습니다. 사실상 정통파 그리스도교가 지닌 도식이 100퍼센트 완전하지 못하다는 것은 분명합니다. 왜냐하면, 삼위일체(三位一體)의 교리에서 악의 원리가 점할 수 있는 위치가 명확치 않고, 그것은 악마라는 형태로 정도의 차이가 있겠지만, 어색한 독립존재로서 존재하고 있을 뿐이기 때문입니다.

개개의 인간과 동일한 신이라는 관념은 극히 복잡하여 거의 사교(邪敎)라고 말해도 좋을 정도의 가설이기 때문에[44] 〈인간 내부에 있는 신〉이라는 관념도 도그마의 입장으로는 설명이 곤란합니다. 그러나 현대인의 심리를 통하여 이해된 4라는 수로 표현된 상징은 직접적으로는 인간 안에 있는 신을 암시할 뿐만 아니라 신과 인간이 동일한 존재라는 것을 시사하고 있습니다. 도그마의 입장과는 달리 여기서는 3이 아니라 4가 생각되고 있습니다. 4번째의 것은 악마가 아닐까 하고 추론하는 것이 누구나 가능할 것입니다. 예수의 말에 "나와 아버지는 하나이다. 나를 보는 자는 즉 아버지를 본다."라고 하는 것도, 교리에서 그리스도가 사람이라고 하는 것을 강조하는 나머지, 인간은 스스로를 그리스도 및 이와 〈등질(等質)의 것(homoousia)〉과 동일시하는 듯이 주장하는데, 이는 신에 대한 모독이며 광징(狂徵)이라고 말할 수 있을 정도입니다. 그러나 이것도 자세히 보면 추론입니다. 그러므로 정통파의 신앙의 입장에서 말하면, 4라는 수를 중심으로 하고 있는 자연적 상징은 〈악마적인 기만(diabolica fraus)〉이라고 부를 수 있는 것입니다. 이것을 가장 여실히 증명하는 것이 그리스도교적 우주에 있어서는 타기할 만한 것인 제4의 부분과 동화되고 있다는 사실입니다. 내 생각에 따르면, 교회는 이같은 결론을 진지하게 받아들이려고 하는 모든 시도를 단호하게 배척하지 않으면 안 될 것입니다. 교회는 이같은 체험에 접근하려는 시도조차 단죄하지 않으면 안 됩니다. 왜냐하면, 교회는 자기가 분리하여 놓은 것을 자연이 다시 결합하고 있다는 것을 받아들일 수가 없었기 때문입니다. 4라는 수를 중심으로 하는 상징과 결부된 모든 체험 가운데에는 자연의 목소리가 분명하게 들리고 있습니다. 그리고 이것은 무의식을 연상시키는 모든 것에 대해서 옛부터 내려오는 모든 미심쩍은 생각을 불러일으키고 있습니다. 꿈의 학문적인 연구는 옛날부터 꿈점

(夢占: oneiromancy)이라는 옷을 입고 나타나거나 그 밖의 여러 괴이한 기술, 연금술과 같은 것으로 나타나기도 하였습니다. 꿈에 나타나는 상징과 대단히 유사한 것이 연금술의 저작 가운데서도 나타나고 있는데, 이것도 꿈과 똑같이 사교적(邪敎的)인 것으로 취급되었습니다.[45] 연금술사들은 신비적인 비유의 배후에 숨어 있는 것을 통하여 우리 몸의 안전을 도모하는 것이라고 상상하고 있습니다.[46] 옛날의 연금술서 가운데 보이는 상징적인 말은 현대인이 본 꿈과 똑같이 무의식의 소산이며, 따라서 그 가운데는 꿈 속에서와 똑같이 〈자연〉의 소리가 반영되어 있습니다.

우리가 오늘날도 중세적인 조건에 살고 있고 궁극의 가치에 다하여도 전혀 의심을 품지 않으며, 세계사의 기술은 항상 창세기로부터 비롯한다는 것을 믿는다면 우리는 안심하고 꿈이나 그 밖에 이와 유사한 존재를 무시할 수가 있을 것입니다. 그러나 유감스럽게도 우리는, 모든 궁극의 가치가 의심스럽고, 방대한 선사시대의 존재가 있었다는 것을 의식하는 현대에 살고 있으며, 만약 누미노제적 체험이 존재한다면 그것은 심혼을 체험하는 것이라는 사실이 분명히 의식되고 있는, 현대라는 시대에 살고 있습니다. 우리는 이제 신의 옥좌(玉座) 주위를 돌고 있는 최고천(最高天)의 존재를 생각할 수 없으며 은하계(銀河

界) 배후에 있는 신을 찾으려고 하는 짓은 꿈에도 생각하지 못할 것입니다. 그러나 경험론자들에게는 모든 종교적 체험이 심혼의 어떤 특정한 상태에 지나지 않는 것으로 생각된다면, 인간의 심혼이야말로 신비의 원천처럼 생각되는 것입니다. 종교적 체험이 그것을 경험하는 사람들에게 어떤 의미를 가지는가를 알려고 한다면 오늘날의 우리는 그 모든 것을 연구할 기회를 가지고 있을 것입니다. 그리고 만약 그 종교적 체험에도 의미라는 것이 있다면, 그것을 체험하는 사람들로서는 그것은 〈모든 것〉을 의미하는 것입니다. 최소한 이것은 증거를 면밀히 검토해 봄으로써 도달하는 결론입니다. 극단적으로 말한다면, 종교적 체험은 그 내용 여하는 전혀 관계없이 최고의 가치평가를 받아들이는 체험이라고 정의할 수 있을 것입니다. "교회 밖에는 구원이 없다(extra ecclesiam nulla salus)"고 하는 교회측의 평가에 목덜미가 잡혀 있는 현대인의 정신은 결국 최후의 희망으로 심혼으로 되돌아갈 것입니다. 그 이외의 어디에서 체험을 획득할 장소가 있겠습니까? 그러므로 이 경우 얻을 수 있는 해답은 많든 적든 내가 지금까지 서술하여 온 종류의 것이 될 것입니다. 즉 해답을 주는 것은 자연일 것입니다. 그리고 인간정신에 대한 문제에 관심을 가진 사람들은 모두 많은 새로운 문제에 직면하지 않을 수 없을 것입니다. 나를 찾아 온 환자들의 정신적 고뇌를 통하여 나는 무의식에 의하여 생겨진 상징의 최소한 얼마가량을 이해하려는 진지한 노력을 하게 되었습니다. 나의 실험에서 이끌어져 나온 학문적 및 윤리적인 결론을 상세하게 논하려면 너무도 세세한 데까지 가지 않으면 안 되기 때문에 나는 여기서 단지 암시를 하는 것만으로 만족하려고 합니다.

어떤 종교에 포함되어 있는 상징 중에서 중요한 것은 그 종교에 내재해 있는 특수한 도덕적 및 정신적 태도의 나타남 외에 다른 것이 아닙니다. 예를 들면, 십자가 및 그것이 지니고 있는 여러 종교적인 의미가 그것입니다. 중요한 상징 중에서 첫번째의 예는 삼위일체입니다. 이 상징은 철두철미하게 남성적인 성격을 지니고 있습니다. 그러나 무의식에 의하여 4라는 수를 중심으로 하는 상징으로 변하고 있습니다. 그리고 이 새로운 상징은 삼위일체에서 3개의 위격(位格)이 동일한 신인 것과 같이, 동시에 하나인 것입니다. 옛날의 자연철학자들은 〈자연 가운데 현상을 가지고 있는 것(imaginata in natura)〉으로서의 삼위(三位)를 〈신체가 없는 것(Asomata)〉 혹은 〈영(spiritus)〉, 〈나르는 것(volatilia)〉 즉 물(水), 바람(風), 불(火)로 표현했습니다. 그리고 한편 4번째의 원소를 〈신체가 있는 것(Samaton)〉, 즉 대지 혹은 물체로 보았습니다. 그리고 그들은 이 4번째의 물질을 처녀로 상징하였습니다.[47] 이같은 방법으로 그들은 이 물질상의 삼위에 여성적 요소를 추가하였고, 그리하여 양성을 겸비한 레비스(Rebis)나 지혜의 자식들(filius sapientiae)로 상징되는 4라는 수에 의한 상징, 혹은 4등분된 원을 얻는 것입니다. 중세의 자연철학자들이 제4의 원소라고 말할 때, 그것이 대지 및 여성을 의미한다는 것은 의문의 여지가 없습니다. 악의 원리는 공개적으로 언급되지는 않았지만, 제1원질(prima materia)이라는 독성(毒性)을 갖추고 있는 것이나 그 밖의 형태로 암시되어 있습니다. 현대인의 꿈에 나오는 4라는 수를 통한 상징은 무의식의 소산입니다. 제1장에서 이미 언급한 바와 같이, 무의식은 이따금 아니마라는 여성의 자태를 취하고 나타납니다. 4라는 수에 의한 상징은 분명히 이 아니마로부터 발하는 것처럼 생각됩니다. 따라서 수에 의한 상징의 어머니 혹은 모태, 즉 신을 낳은 자(Theotokos), 또는 신의 어머니(Mater Dei)라고 해도 좋을 것입니다. 그러나 신의 삼위일체성에 대한 도그마 가운데에는 악마는 물론 여성도 또한 존재할 여지가 없기 때문에, 만약 종교적 상징이 4라는 수를 중심으로 하고 있다면 악의 원리도 또한 그 일부분을 형성하고 있을 것입니다. 이러한 상징으로부터 이끌어 낼 수 있는 광범위한 정신적 결론을 추측하는 데에는 특별한 상상력의 노력을 필요로 하고 있지 않습니다.

제 3 장

자연적 상징의 역사와 심리
The History and Psychology of a Natural Symbol

3. 자연적 상징의 역사와 심리
The History and Psychology of a Natural Symbol

나는 철학적인 호기심을 저하시키기를 바라지는 않지만, 4라는 수를 통한 상징에서 제기된 문제가 지닌 윤리적 학문적 측면의 토론에서 길을 잃어 버리지 않기를 더욱 바랍니다. 이 상징이 지닌 심리적인 의미는 결코 작은 것이 아닙니다. 이 상징은 임상치료에서 큰 역할을 하고 있습니다.

그런데 우리가 살피려고 하는 당면 문제는 정신치료법에 관한 것이 아니라 어떤 심리현상의 종교적 측면에 관한 것입니다. 그러나 나는 역사적인 상징이나 옛 인물을 묻혀 있는 묘지에서 발굴할 계기가 된 것은 정신병학상의 연구를 통하여서라고 강조하고 싶습니다.[48] 젊은 정신과

의사였던 나는 자신이 이같은 일에 종사하리라는 것을 전혀 예상하지 못하였습니다. 또 나는 4라는 수에 의한 상징, 4각의 원(circulus quadratus), 삼위일체의 도그마를 포착하려는 여러 가지 이교적(異教的)인 시도 등에 대한 나의 오랜 논의가 억지에 가득찬 것이고 지나치게 과장된 것이라고 할지 모르나 그것을 결코 나는 무리라고 생각하지 않습니다. 그러나 사실을 말한다면, 4라는 수의 상징에 대한 이 긴 이야기도 짧은 편에 속하고 극히 불충분한 서론에 지나지 않아서 내가 선택한 사례의 핵심이라고 할 수 있는 최후의 부분이 여기서 비로소 시작되고 있을 뿐입니다.

우리가 선택한 꿈 시리즈의 초기에 이미 원(圓)이 나타나고 있습니다. 그것은 예를 들면, 환자의 주위에 원을 그린 뱀이라는 형태로 나오고 있습니다.[49] 그것은 후의 꿈의 시계, 중심이 있는 원, 사격연습용의 둥근 표적, 영구운동(perpetuum mobile)을 상징하는 공, 지구, 둥근 책상 등의 형태를 취하고 나타내고 있습니다. 이와 거의 때를 같이하여 4각(角)이 나타나는데, 한가운데 분수(噴水)가 있는 정방형의 광장이나 정원과 같은 형태를 취하고 나타납니다. 얼마 후에는 4각형이 원운동과 결합되어 나타나고 있습니다.[50] 사각형 안을 빙빙 도는 사람들이나 그리고 동물을 인간으로 변형시키는 주술적인 의식(儀

式)이 네 귀퉁이에 한 마리씩 뱀이 있는 정방형의 장소에서 행해지고 있으며, 4개의 각(角) 주위를 빙빙 도는 사람들이나 꿈을 꾸는 본인이 택시를 타고 4각형 모양을 한 광장 주위를 돌든가, 4각형으로 된 감옥, 혹은 무엇인지 모르는 정방형이 빙빙 회전하고 있는 것들이 모두 그러한 예라 하겠습니다. 또 다른 꿈에서는 회전운동이 원을 대용하고 있는데, 예를 들면 4명의 아이가 〈검은색 반지〉를 가지고 있고, 원형을 그리며 행진하고 있습니다. 원이 4라는 숫자와 결합되어 나타나는 경우도 있습니다. 4개의 중심점에 4개의 호도를 담은 은그릇, 책상과 4개의 의자 등이 이에 해당합니다. 중심은 특히 강조되어 있는 듯이 생각됩니다. 그것은 원의 중심에 놓여진 알, 일단의 군인들로 이루어진 별, 원 안에서 회전하고 있는 별—그때 4개의 중심점은 4계절을 표상한다— 그리고 양극(極), 보석 등에 의해 상징되고 있습니다.

그리고 이 모든 꿈 뒤에는 항상 하나의 상(像)이 나타나는데, 이 상(像)은 갑작스런 시각적 인상의 형태를 취하고 이 환자에게 옵니다. 환자는 지금까지도 이미 다른 기회에 이와 같은 종류의 순간적인 상(像) 혹은 시각현상을 경험하여 왔습니다. 그러나 지금은 극히 강렬한 인상을 동반하고 체험되고 있습니다. 환자 자신은 그것을〈조화의 극치의 인상〉이라는 말로 표현하고 있습니다. 이와 같은 경우에 있어서 우리가 그것을 어떻게 받아들이고 있는가, 우리가 그것을 어떻게 생각하고 있는가는 전혀 문제 밖이 되고 있습니다. 문제는 다만 환자가 그것에 대해서 어떻게 느끼고 있는가 하는 데만 있습니다. 그것은 환자의 체험이기 때문에, 만약 그 체험이 환자의 증상에 근본적인 영향을 미칠 수 있다면, 논증을 통하여 그 체험을 부정하는 것은 소용없는 노력이 될 것입니다. 심리학자는 이와 같은 사실이 있다는 것을 인식할 뿐입니다. 만약에 그에게 그 이상의 자신이 있다면, 한걸음 더 나아가서 그와 같은 환각이 왜 그 정도로 환자에게 영향을 미치는가를 이해하려고 하지 않으면 안 됩니다. 이 환각은 그 환자의 심리적 발전에 있어서 하나의 전기가 되고 있기 때문입니다. 이것을 가리켜 종교적인 언어로 회심(conversion)이라고 합니다.

다음에서 환자의 환각을 있는 그대로 적어 보겠습니다.

"공통의 중심점을 가진 수직원(垂直圓)과 수평원 (水平圓)이 있다. 이것은 우주시계이다. 검은 새가 이 우주시계를 떠받치고 있다(이 검은 새는 이 환각에 선행했던 다른 한 환각과 관계하고 있는데, 거기서는 한 마리 검은 독수리가 금륜(金輪)을 가지고 가는 것으로 되어 있다).

수직원은 흰 테두리를 한 청색 접시인데 먼저 4분된 것이 또 8분되어 합계 32부분으로 나누어져서(4×8=32), 한 개의 바늘이 그 위에서 회전하고 있다.

　수평원은 4개의 색깔로 이루어져 있다. 위에는 각각 시계추를 가지고 있는 4사람의 난장이가 서 있고, 주위에는 전에는 검은 색이었지만 지금은 금색의 윤(輪)이 놓여져 있다(이 윤(輪)은 앞의 환각에서는 4인의 아이들에 의해서 떠받쳐지고 있다).

　이 우주시계는 3개의 리듬 혹은 맥박을 가지고 있다.

① 소(小) 맥박에서는 청색의 수직원의 바늘이 32분의 1만 전진한다.

② 중(中) 맥박에서는 이 바늘이 한 바퀴 완전히 회전한다. 이와 동시에 수평원이 32분의 1만큼 회전한다.

③ 대(大) 맥박은 중맥박의 32회 회전과 같은 것으로 이때는 금색의 윤(輪)이 1회전한다."

　이 환각은 이전에 있던 많은 꿈들이 나타난 암시들을 모두 총괄하고 있습니다. 그것은 원, 공, 4각, 회전, 별, 십자가, 4라는 수, 시간 등으로 표현되어 있는 지금까지의 여러 단편적인 상징을 종합하여, 의미 있는 하나의 전체로 요약하려는 시도라고 생각하고 있습니다.

　이와 같은 추상적인 환각이 왜 〈조화의 극치〉라는 감정을 촉발할 수 있는지를 이해한다는 것은 물론 쉽지가 않습니다. 그러나 플라톤의 『티마이오스』에 나오는 두 개의 원이나 그가 생각한 〈세계의 심혼(anima mundi)〉이 조화로운 구형(球形)을 지닌 것으로 생각된다면 이 현상을 이해하는 하나의 관건을 발견하는 것이 전혀 불가능하지만은 않을 것입니다. 더욱이 〈우주시계〉라는 개념은 천구(天球)의 음악적인 조화라고 하는 피타고라스의 생각을 연상케 합니다. 그렇다면 여기서 문제가 되고 있는 것은 일종의 우주론의 체계라고 할 수 있을 것입니다. 이 환각이 천공(天空)과 그 말없는 회전이나 혹은 태양계의 부단한 운행이라고 한다면, 그것이 완전한 조화를 표현하고 있다는 것도 충분히 이해가 될 것이고 또 의미 있는 것일 것입니다.

우리는 환자의 반의식(semiconscious) 가운데에는 플라톤적인 우주상이 어렴풋이나마 그 모습을 띠고 있다고 상상할 수 있습니다. 그러나 우리의 환자가 본 환상 가운데에는 완전히 일치하지 않은 어떤 것이 있습니다. 두 개의 원은 그 성질을 달리하고 있습니다. 운동의 방향이나 방법이 다를 뿐만 아니라 색깔도 다릅니다. 수직원은 청색이고 4개의 색을 포함하고 있는 수평원은 금색입니다. 청색원은 반구(半球)를 이루고 있는 청색의 천공을 상징하는 것으로 생각되고 있고, 수평원은 4명의 난장이로 인격화된 4개의 색으로 구분되어 있는 4개의 기점을 가진 수평선을 의미하는 것으로 생각되고 있습니다(앞의 꿈에서는 4개의 점이 한 번은 4명의 아이들로, 또 한 번은 4계절로 표현되고 있다). 이상으로 우리가 생각할 수 있는 것은 중세 때는 우주를 원으로 표현하고, 4명의 복음서 저자를 〈승리의 왕(Rex Gloriae)〉로 표현하며, 혹은 수평선을 12궁(宮)으로 형성된 멜로테시(Melothesiae)로 표현하거나 하였음을 알 수 있습니다. 승리의 그리스도상은 이와 유사한 호루스(Horus: 古代 이집트神의 하나로 한 여름의 太陽을 나타낸다. 그리이스 神話에서는 아폴로에 해당한다―역주)의 상과 그 4명의 자식들의 상과 유사한 것처럼 생각됩니다.[51]

동양에도 이와 비견할 만한 것이 있습니다. 즉 대부분이 티벳트 기원인 불교의 만다라(mandala: 만다라는 산스크리트語로 圓輪을 의미하며 보통 이 그림은 圓과 四角을 기본으로 구성되어 있고 그 중앙에 최고의 원리를 상징하는 像이 圖示되어 있다―역주)가 그것입니다. 그 중심은 파드마(padma)라고 불려지는 원형(圓形)을 한 연화(蓮花)가 있는 것이 보통인데, 그 연화 가운데에는 4개의 기점과 4계절을 암시하는 4개의 문을 가진 정방형의 신성한 건물이 들어 있습니다. 한가운데에는 붓다가 있고 더욱 일반적으로는 쉬바(Shiva: 힌두교의 여신의 하나―역주)와 그의 샤크티(Shakti: 쉬바가 가진 힘, 보통 性力이라고도 한다―역주)의

융합, 혹은 동일한 효력을 가진 도르예(dorje: 우뢰)를 본 뜬 상징이 놓여 있습니다.[52]

그것은 얀트라(Yantra)라는 의식(儀式)의 도구로써 요가 수행자의 명상을 도와 결국에는 의식을 신적인 범의식(all-consciousness: 梵我一如, 즉 宇宙의 原理와 一致—역주)으로 전환시키는 것입니다.[53]

그것이 아무리 우리의 예에 적합하다고 하더라도 이러한 아나로지(類似)는 언제나 완전할 수 없습니다. 왜냐하면 이러한 예는 모두 중심이 지닌 의미를 대단히 강조하고 있고, 한가운데 있는 것의 중요성을 강조하는 것이 유일한 목적인 것처럼 생각되고 있기 때문입니다. 그러나 우리의 예에서 중심은 비어 있고, 그것은 단순히 수학적인 점에 지나지 않는 것으로 되어 있습니다. 앞에서 든 몇 개의 예에서는 세계를 창조하거나 세계를 통치하는 신이 비유적으로 표현되어 있거나, 혹은 천체의 위치에 의하여 그 운명이 좌우되고 있는 인간이 묘사되고 있습니다. 그런데 우리의 상징은 한 개의 시계로서 그것이 시간을 상징하고 있습니다. 이러한 상징과 유사한 유일한 것은 내가 아는 한에서는 점칠 때 사용하는 천체도(天體圖: Horoscope)일 뿐입니다. 호로스코프에도 4개의 기점(基點)과 한 개의 빈 중심점이 있습니다. 더욱이 하나의 주목할 만한 일치점은 선행한 앞의 꿈에서 보통 좌회전하는 것으로 나타난 회전운동입니다. 호로스코프에도 12궁이 있고, 그 각각은 시계바늘의 진행과는 반대의 방향으로 번호가 붙여지고 있습니다.

그러나 호로스코프를 이루고 있는 원은 단지 하나뿐으로 거기에는 분명히 종류를 달리하고 있는 두 개의 체계가 서로 대조를 이루고 있는 것이 없습니다. 그러므로 호로스코프도 우리가 지금 문제로 하고 있는 상징의 발생연대의 규명에 어떤 빛을 던져주고 있기는 하지만 완전한 유사성을 띠고 있는 것은 아닙니다. 그러므로 만약 중세적 상징의 보고(寶庫)라고 할 만한 것이 존재하지 않는다면, 아마도 우리는 우리의 예에 대응할 심리적 유사성을 찾아보려고 하는 기도를 포기하지 않으면 안 될 것입니다. 그런데 다행히도 우연한 기회에 나는 별로 알려지지 않은 중세기의 작가(14세기 초엽)를 알게 되었습니다. 그는 즉 기욤므 드 디귤빌(Guillaume de Digulleville)로서 샤리스(Châlis)의 어떤 수도원의 원장인 노르만 계통의 시인이었습니다. 그는 1330년부터 1355년까지 사이에 3개의 『순례기(巡禮記: pélerinages)』를 쓰고 있습니다.[54] 그 3개는 각각 인간의 생명의 순례, 영혼의 순례, 예수 그리스도의 순례인데, 『영혼의 순례』의 가장 마지막 절에서 파라다이스의 환상이 나오고 있습니다.

이에 따르면 파라다이스는 회전하는 49영역으로 이루

어져 있습니다. 이 영역은 각각 〈세기(siécles)〉라고 불려지고 있어서 우리가 이 지상에서 가지고 있는 〈세기〉의 원형이 되고 있습니다. 그러나 기욤므의 안내역을 맡고 있는 천사가 설명하는 말에도 있는 바와 같이, 교회용어로 "in saecula saeculorum"(미사 중에 나오는 말로〈世紀의 世紀에서〉라는 뜻. 즉 〈수백 년의 수백 배에서〉라는 의미를 나타냄―역주)은 영원을 의미하고 있고 보통의 시간은 아닙니다. 그 금색 하늘을 쳐다볼 때에 갑자기 기욤므는 사파이어 색깔을 하고 있는 직경 3피트의 작은 원을 보게 되었습니다. 이 원에 대해서 기욤므는 다음과 같이 말하고 있습니다. "그것은 금색 하늘 어떤 곳에서 나와서 또 다른 곳으로 들어가 모습을 감추었다. 이렇게 그것은 한 바퀴를 끝마쳤다." 이 작은 푸른 원이 큰 원 위를 원반(圓盤)이 굴러가듯이 금색의 하늘을 횡단하여 지나간 것이 분명합니다.

여기서 다른 두 개의 체계가 있음을 봅니다. 하나는 금색이고 다른 하나는 푸른색인데, 한쪽이 다른 쪽을 횡단한다는 것입니다. 그러면 푸른 원은 무엇이겠습니까? 이 경우에 또다시 천사가 놀라는 기욤므에게 다음과 같이 설명해주고 있습니다.

네가 지금 보고 있는 원은 달력이다.

그것은 완전히 한 번 지나면서 성자(聖者)의 날들을 보여 주고

성자들을 제사할 때를 가르쳐 준다.

별 하나는 하루에 해당하고

태양 하나는 30일 혹은 수대(獸帶)에 해당한다.

Ce cercle que tu vois est le calendrier,

Qui en faisant son tour entier,

Montre des Saints les journées

Quand elles doivent être fêtées.

Chacun en fait le cercle un tour,

Chacune étoile y est pour jour,

Chacun soleil pour l′espace

De jours trente ou zodiaque.

이 푸른 원은 교회의 달력입니다. 여기서 유사한 점이 또 하나 보여지고 있습니다. 즉 시간의 요소입니다. 누구나 기억하고 있겠지만, 우리가 예로 든 환상에는 시간이라는 것이 3개의 맥박에 의하며 표현되거나 혹은 측정되고 있습니다. 기욤므가 본 달력을 나타낸 원은 직경이 3피트입니다. 더욱이 그가 이 푸른 원을 보고 있는 동안에 자주빛 색깔을 한 3사람의 남자가 나타나고 있습니다. 천

사는 지금이야말로 이 3명의 성자를 제사할 때라고 말하고 12궁의 전체에 걸쳐서 일장의 연설을 행합니다. 물고기에 대한 설명을 하는 대목에 이르러 그는 성스러운 삼위일체 제(祭)에 앞서서 행해진 12명의 어부들의 제(祭)에 대해 언급합니다. 그때에 기욤므가 천사의 말 도중에 끼어들어 자기도 삼위일체의 상징적 의미를 충분히 이해하지 못하고 있다고 고백하였습니다. 그는 가능하다면 이 신비의 의미를 설명하여 달라고 그에게 요구하였습니다. 이에 대하여 천사는 "색에는 3개의 기본적인 것이 있다. 초록색과 붉은색, 금색이 그것이다(Or, il y a trois couleurs principales: le vert, le rouge et l'or)."라고 대답하고 이 3색이 결합되어 있는 곳은 공작의 꼬리에서 볼 수 있다고 말합니다. 그리고 천사는 다음과 같이 덧붙여 말합니다. "3개의 색을 하나로 결합할 수 있는 전능한 왕은 또한 하나의 실체에서 3개를 만들어 낼 수 있는 것이 아니겠느냐(Le roi de toute puissance qui met trois couleurs en unité, ne peut－il faire aussi qu'une substance soit trois?)" 그리고 그는 금색은 아버지에 속하고 붉은색은 아들에 속하고 녹색은 성령에 속한다고 말하고 있습니다. 그리고 천사는 이 이상 질문하지 말라고 기욤므에게 경고하고 모습을 감추어 버립니다.

다행히 우리는 천사의 설명을 통하여 이 경우에 3이라

는 수가 삼위일체와 관계된다는 것을 알 수 있습니다. 그렇다면 앞에서 삼위일체에 대한 신비적인 사색의 미로에 발을 들여놓은 것이 결코 우리가 고안해 낸 길은 아니었다는 것을 알 수가 있습니다. 이와 동시에 우리는 색이라는 모티브를 접하게 되지만, 불행히도 기욤므가(혹은 오히려 적절히 말하면 천사가) 들고 있는 색은 금색, 붉은색, 녹색 3가지만을 말하고 있는데 비해서 우리의 환자의 경우에는 4가지를 말하고 있습니다. 이 경우『티마이오스』의 말을 빌어서 "여기에 3이 있다. 4번째는 어디에 남아 있는가?"라고 말할 수 있을 것입니다. 혹은 괴테의 파우스트에서도 전혀 똑같은 의미의 말을 빌 수 있을 것입니다. 그것은 즉 파우스트 제2부의 카비르(Kabires: 이집트, 페니키아, 그리이스에서 숭배되는 신비적인 신들—역주)의 장면인데, 카비르가 어떤 신비적인 〈엄격한 모습(streng Gebilde)〉, 아마도 바다 밑에서 나타났다고 보여지는 문구를 가져옵니다.

  우리 예로써 든 환자의 환각에 나타난 4명의 남자는 난장이 혹은 카비르입니다. 그들은 4개의 기점과 4계절을 상징하고 있을 뿐만 아니라 4개의 색과 4대 원소를 상징하고 있습니다. 이렇게 보면『티마이오스』에도, 혹은『파우스트』및『순례기』에도 4라는 숫자에 대한 말이 한마디도 없습니다. 그런데 빠져 있는 4번째의 색이 푸른색이라는 것은 분명합니다. 왜냐하면, 푸른색은 금색, 붉은색, 녹색과 함께 일단을 이루고 있기 때문입니다. 그렇다면 왜 푸른색이 빠져 있을까요? 달력 혹은 시간, 혹은 푸른색의 어디에 잘못이 있을까요?

"여기에 3이 있다. 4번째 것은 어디 있느냐?"하는 똑같은 질문이 늙은 기욤므에게 걸림돌(장애)이 되고 있음은 의심의 여지가 없습니다. 그는 자신이 아직 알고 있지 못한 삼위일체에 대한 신비에 대해서(그 자신의 말에 따르면) 아무것도 들어본 적이 없어서 이 문제에 대하여 듣기를 열망하였습니다. 기욤므가 좀더 거북한 질문을 하기 전에 천사가 급히 모습을 감추었다는 것은 의심의 여지를 남기고 있습니다.

그런데 내가 상상하기에 그가 천국으로 날아 갔을 때에 기욤므는 무의식적인 상태에 있었습니다. 그렇지 않으면, 그는 여기서 관찰한 것으로부터 어떤 결론을 이끌어 낼 수가 있었을 것임에 틀림없었을 것입니다. 도대체 그가 실제로 천국에서 본 것은 무엇이었을까요? 우선 첫째로 그가 본 것은 영원의 정복(淨福)을 얻은 사람들이 거주하고 있는 여러 영역 혹은 〈세기〉입니다. 그리고 그는 〈금으로 된 하늘(ciel d'or)〉을 보았는데, 거기에는 천국의 왕이 황금의 옥좌 위에 앉아 있고, 그 옆에는 왕비가 갈색의 수정으로 된 둥근 옥좌 위에 앉아 있었습니다. 이 최후 부분의 묘사에서 관찰되는 것은, 이 경우 마리아가 사자(死者) 전체의 부활이 있기 전에 육체와 결합하는 것이 허락된 유일한 인간으로서, 그 육체와 함께 천국으로 인도된다고 생각하고 있습니다. 이러한 묘사에서 왕은 신부(新婦)의 의미를 가지고 있는 교회와 결합된 승리의 그리스도입니다. 그러나 가장 중요한 것은, 승리의 그리스도는 동시에 삼위일체이기도 한데 여기에 4번째의 것(즉 왕비)이 부가되어 사위일체(四位一體)가 되는 것입니다. 푸른색은 마리아가 천국에서 입고 있는 외투 색깔입니다. 즉 마리아는 푸른 하늘로 덮여져 있는 〈대지(大地)〉라는 말이 됩니다.[55] 그러나 그렇다면 왜 성모마리아의 이름이 언급되고 있지 않을까요? 도그마에 의하면, 그녀는 〈축복받은 자(beata)〉일 뿐이며 신 중의 한 사람은 아닙니다. 더욱이 그녀는 대지의 상징인데, 이 대지야말로 육체이기도 하며, 그 육체의 암흑면을 포함하고 있습니다. 자애심 깊은 그녀가 모든 죄인의 죄를 대신 빌어주는 자격이 있는 것도 이 때문입니다.

 중세 심리의 이 귀중한 단편으로부터 우리는 나의 환자의 만다라가 지닌 의미에 대하여 약간의 통찰을 얻을 수가 있습니다. 이 만다라에서는 4가 통일되어 있고, 서로 조화하고 협동하며 기능하고 있다는 것입니다. 나의 환자는 가톨릭적인 교육을 받은 사람이었지만 아무런 예고도 없이 늙은 기욤므에게도 얼마간 괴롭혀 주었을 것임에 틀림없는 동일한 문제에 직면하고 있습니다. 한 편으로는 삼위일체의 신비가 있고, 또 다른 한 편으로는 여성적 요소, 대지, 육체 및 물질에는 결국 한정된 가치밖에 인정하지 않는다는 문제, 더욱이 그것은 마리아의 태내(胎內)라는 형태를 빌어 신의 신성한 거처가 되며 신에 의한 구제업(業)의 불가결한 도구가 된다는 문제가 중세인들에게는 하나의 커다란 문제였을 것입니다. 나의 환자가 본 환각은 수 세기에 걸친 이 의문에 대한 하나의 상징적인 대답입니다.

그것이 아마도 우주시계의 상(像)이 〈조화의 극치〉라는 인상을 불러일으키는 진정한 이유라고 생각합니다. 그것은 물질과 정신 사이에, 또 세속적인 욕망과 신에 대한 사랑 사이에 있는 비극적인 갈등의 해결 가능성을 시사해 주는 최초의 징후였습니다. 저 교회의 꿈 가운데 나타나 있는 가련하고 쓸모없는 타협은 원리적인 대립을 모두 융화시키고 있는 만다라 환각에 의하여 완전히 극복되고 있습니다. 〈심혼은 정방형이다〉라고 말한 피타고라스의 오랜 관념을 여기서 차용하는 것이 허락된다면, 만다라는 신성을 표현할 때는 3중의 리듬을 가지고 하며, 심혼을 표현할 때는 4라는 숫자와 관계있는 정적인 상징(예컨대, 4색으로 나누어져 있는 원)을 사용한다고 말하는 것이 좋을 것입니다. 그러므로 저 환각이 지닌 가장 내밀한 의미는 심혼을 신과 합일시키는 것일 것입니다.

저 우주시계가 4라는 수와 관계 있는 원 및 영구운동(perpetuum mobile)을 표현하고 있는 한에 있어서, 우리 환자의 만다라 가운데에는 중세인들의 이 두 가지 관심사가 적절하게 표현되고 있습니다. 금색의 원과 여기에 포함되어 있는 내용은 4명의 카비르 및 4가지 색이라는 형태로 4라는 수를 통한 상징을 나타내고, 또 푸른 원은 삼위일체와 시간의 운동을 나타낸다고 하는 것이 기욤므의 환각과 부합되고 있습니다. 우리의 예에서는 금색의 원은 천천히 움직이는 데 비하여 푸른 원의 지침(指針)은 가장 빠르게 움직이고 있습니다. 기욤므가 본 금색의 하늘에는 푸른 원이 약간 조화를 잃고 있다는 협의가 있는데, 우리의 예에서는 두 개의 원이 잘 결합되어 있어서 그 사이에는 마찰이 없습니다. 삼위일체는 생명(즉 전체계의 '맥박')으로 3중의 리듬을 가지고 있지만, 더욱이 이 〈맥박〉은 4의 배수인 32라는 수에 그 기초를 두고 있습니다. 한 편으로는 원과 4가, 또 다른 한 편으로는 3중(三重)의 리듬이 있어서 서로 침투하고, 따라서 한 쪽이 다른 쪽에 서로 포함되어 있게 되는 것입니다. 기욤므의 환각에서는 삼위일체는 누구의 눈에도 분명하지만 4에 의한 상징은 하늘의 왕 및 왕비라는 형태의 '2'에 의한 상징 가운데 감추어져 있습니다. 더욱이 푸른색은 왕비의 것이 아니라 시간을 나타내는, 혹은 삼위일체적인 특징을 지니고 있는 달력에 속하는 것입니다. 이것은 우리의 예의 경우와 똑같이 두 상징의 상호침투에 상응하는 것처럼 생각됩니다.

   그 구비되어 있는 성질이나 내용이 상호침투하고 있는 현상은 상징일반의 특색입니다. 예를 들면, 삼위일체라는 그리스도교적인 개념에서도, 아버지는 아들 가운데 있고, 아들은 아버지 가운데 있으며, 성령은 아버지와 아들 사이에 있고, 혹은 또 아버지와 아들은 중개자인 성령가운데 있다고 하는 해석이 존재하고 있습니다. 아버지가 아들이 되거나 혹은 아들이 일정한 순간에 출현하는 것은 시간적 요소가 나타나고 있음을 말하며 성모마리아 (Mater Dei)는 공간적 요소의 인격화라고 말할 수 있을 것입니다. ('어머니'라는 자질은 원래는 성령의 속성이었는데, 당시는 이 성령을 '예지(Sophia, Sapientia)'라고 부른 그리스도교도도 있었다.[56]) 성령에 얽힌 여성적 성격은 완전히 불식될 수는 없고 오늘날까지도 최소한 성령의 상징이 되고 있는 〈성령의 비둘기(columba spiritus sancti)〉가운데 그 잔재를 남기고 있다). 그러나 초대교회가 사용한 상징 가운데 나타나고 있는 4라는 상징은 도그마에서 완전히 빠지고 있습니다. 4의 상징의 예를 들면, 원 가운데 들어 있는 같은 변의 십자가, 4명의 복음서 저자들과 함께 승리하는 그리스도, 테트라모르푸스(Tetramorphus: 4형태를 가지고 있는 것의 뜻—역주) 등을 들 수 있습니다. 성모마리아 및 정신화된 대지의 속성을 상징하는 것으로서 교회가 사용하는 것도 후에는 〈신비의 장미(rosa mystica)〉, 〈신앙의 그릇(vas devotionis)〉, 〈닫혀진 샘(fons signatus)〉, 〈격리된 정원(hortus conclusus)〉이 되고 있습니다.[57]

우리의 예에서 만다라는 중세 그리스도교 철학에서 논해진 중요문제의 얼마간을 거의 수학적이라고 해도 좋을 정도로 추상적으로 표현하고 있습니다. 사실상 이 추상화의 정도는 상당하여, 우리도 만약 기욤므의 환각을 빌리지 않는다면 거기에 추상적으로 미쳐지고 있는 여러 문제의 근본을 이루고 있는 광범위한 역사적 배경을 간과하고 말게 된다고 생각하고 있습니다. 환자 자신은 이같은 역사적 사실에 대하여 전혀 지식을 가지고 있지 않습니다. 그의 지식은 어릴 때에 종교 교육을 받은 사람이라면 누구나 알 수 있는 것들에 한정되고 있습니다. 따라서 그 자신은 자기의 꿈에 나오는 우주시계가 어떤 종교적 상징과 관련되어 있다고는 생각지 않습니다. 이것은 그의 환각 가운데에는 일견 어떤 종교를 상기시켜 줄 만한 것이 하나도 포함되어 있지 않다는 것을 이해시켜 주고 있습니다. 그러나 이 환각은 〈정신통일의 집〉에 대한 꿈 바로 후에 나오고 있습니다. 그리고 이 〈정신통일의 집〉에 대한 꿈은 다시 앞의 꿈에 나오는 3과 4에 대한 문제에 대한 답으로서의 의미를 가지고 있습니다. 그 꿈 가운데에는 장방형의 장소가 하나 있는데, 그 4변에는 색깔 있는 물로 가득 찬 잔이 놓여져 있습니다. 그 물의 색깔은 하나는 황색, 또 하나는 붉은색, 또 하나는 녹색, 네 번째의 것은 무색입니다. 분명히 푸른색이 빠져 있습니다. 그러나 이보다 앞에 있는 환각 가운데서는 푸른색이 다른 3개의 색과 함께 나오고 있습니다. 그 환각에서는 어떤 동굴의 가장 깊은 곳에서 한 마리 곰이 나타나는데, 그 곰은 눈을 4개 가지고 있어서 그 하나 하나는 각각 붉은색, 황색, 녹색, 푸른색 빛을 발하고 있습니다. 그런데 놀랍게도 앞에서 든 그보다 뒤의 꿈 가운데서는 이 푸른색이 사라지고 있습니다. 그와 동시에 보통의 정방형은 지금까지 한번도 나오지 않았던 장방형으로 변하고 있습니다. 누구의 눈에도 분명한 이 방해의 원인은 아니마에 의해 대표되고 있는 여성적 요소에 대한 하나의 저항이었습니다. 〈정신통일의 집〉에 대한 꿈 가운데의 소리가 이 사실을 확증하고 있습니다. 즉 소리는 이렇게 말하고 있습니다. "네가 하고 있는 것은 위험하다. 종교는 여인의 상(像)을 벗어나기 위해 네가 지불하지 않으면 안 되는 세금은 아니다. 왜냐하면, 여인의 상(像)은 없어서는 안 되는 것이기 때문이

다." 여기서 말하는 〈여인의 상(像)〉은 즉 아니마의 다른 이름에 지나지 않습니다.[58]

　자기가 가지고 있는 아니마에 대해서 저항하는 것은 남성으로서는 정상적인 일입니다. 왜냐하면, 이미 말한 바와 같이, 아니마는 지금까지 의식적인 면에서 배제되었던 모든 경향이나 내용을 지닌 무의식 그것이기 때문입니다. 그 경향이나 내용이 배제되어 온 여러 가지 원인 가운데에는 많은 실제적이고 분명한 이유가 있습니다. 어떤 것은 억압(suppression)이 되어 있고 어떤 것은 억제(repression)되어 있습니다.[59] 보통의 경우, 인간의 심리구조 가운데서 반사회적 요소의 전체를 대표하는 경향─나는 이것을 각 사람의 마음 가운데 있는 〈통계적 범죄자(statistical criminal)〉라고 부르고자 합니다─을 억압시키고, 혹은 고의로나 의식적으로 제거시켜 버립니다. 이에 반하여 억제되어 있는 것에 지나지 않는 경향은 보통 모호한 성격을 가지고 있습니다. 그것은 절대적으로 반사회적인 것은 아니지만 사회의 전통이나 습관에 전적으로 합치하는 것도 아닙니다. 그 때문에 그들이 억제되고 있는 이유도 똑같이 애매합니다. 단순한 겁(두려움)에서 그렇게 하는 사람이 있고, 전통적인 도덕의 입장에서, 혹은 또 세평에 대한 동기에서 그것을 억제하는 사람도 있습니다. 따라서 이 억제라는 행위는 "만사를 반의식적인 태도로 되는 대로 맡기는 것", 또는 "너무 높이 걸려 있어서 손이 닿지 않는 포도를 시다고 헐뜯어 말하는 것", 또는 "자기 자신의 욕망을 대면해서 의식하는 것을 피하기 위해서 다른 것을 찾는 것" 등과 같다고 할 수 있습니다. 이것이 신경증 발생의 중요한 매카니즘의 하나라는 것을 발견한 것은 프로이드였습니다. 억압(suppression)이 의식적인 도덕적 선택에 이르지만 억제(repression)는 불유쾌한 결정을 피하기 위해서 비도덕적인 경향에 이르게 됩니다. 억압은 근심걱정, 갈등, 고통의 원인이 되고 있지만, 신경증의 원인이 되고 있는 것은 아닙니다. 신경증은 언제나 본래의 고통에 대한 대리역할을 하고 있습니다.

〈통계적 죄인〉이 배제되는 곳에 열등가치에 지나지 않는 여러 성질이나 원시적인 경향의 광대한 영역이 남아 있게 됩니다. 그들은 우리가 지니고 있는 이상상(理想像)과는 멀리 떨어져 있는, 그리고 훨씬 원시적인 현실의 인간심리의 일부분을 이루고 있습니다. 우리는 문명인이나 교양 있는 사람이나 도덕적인 인간들이 어떻게 살 수 있는가에 관하여 어떤 관념을 가지고 있습니다. 그리고 때때로 우리는 이 야심적인 기대를 달성하기 위해서 전력을 다합니다. 그러나 천부의 소질이라는 것은 각자가 각양각색이기 때문에 소질이 있는 사람이 있는가 하면 그것이 없는 사람도 있습니다. 그러므로 올바르게 그리고 체면을 손상시키지 않고 살 수 있는 사람, 즉 한점의 결점도 범하지 않고 삶을 보내는 사람도 있을 수 있습니다. 이런 사람들은 가령 죄를 범하게 되면, 그 죄는 아주 작은 것이거나 혹은 그들은 자기가 범한 죄를 의식하지 못하거나 할 것입니다. 주지하는 바와 같이, 우리 인간은 자기가 한 것에 대해서 의식하지 못하는 죄인에 대하여서는 자기의 죄를 의식하고 있는 죄인을 대하는 것보다 훨씬 관대합니다. 비록 때때로 법률은 무의식적인 죄라도 처벌하는 경우가 있지만 교회에서 행하는 고해성사를 보면 자기가 스스로 죄를 지었다고 의식하는 행위에만 한정하고 있습니다. 그러나 자연은 자기의 죄를 의식하지 못하는 죄인에 대하여도 결코 용서를 하지 않습니다. 자연은 그러한 죄인을 마치 그들이 의식적으로 죄를 범한 것과 똑같이 준엄하게 벌을 줍니다. 그러므로 드루몬드(Drummonnd)가 말한 바와 같이, 대단히 경건한 마음을 가지고 있는 사람들이 도리어 자기 마음의 다른 이면을 의식하지 못하기 때문에 특히 몹시 성미가 까다로움을 나타내어, 자기가 다른 사람들로부터 백안시되는 일이 일어나는 것을 보게 됩니다. 성자의 훌륭함이 멀리까지 선전될 수는 있겠지만, 도덕적으로 소질이 열등한 사람들은 성자와 함께 살게 되면 열등 콤플렉스에 빠지든가 혹은 돌발적으로 부도덕한 짓을 하게 되는 원인이 될 것입니다.

도덕적 성격(morality)이라는 것도 두뇌의 능력(intelligence)과 똑같이 천부적으로 주어지는 것이라고 생각합니다. 따라서 그 소질이 없는 자로부터 무리하게 그것을 요구한다면 파탄이 일어나지 않을 수 없습니다.

불행하게도 전체적으로 볼 때, 인간이 스스로 상상하고 있거나 원하고 있는 것보다는 인간은 열등한 존재라는 사실에는 의심의 여지가 없습니다. 모든 사람은 각자 다 하나의 그림자를 가지고 있고, 그 그림자가 그 인간의 의식적인 생활 속에서 구체화되는 것이 적으면 적을수록 더욱 어둡고 농도 짙은 것이 됩니다.[60] 열등부분도 그것이 의식화되면 항상 교정될 수 있습니다. 또 다른 여러 경향과도 항상 접촉하고 있으므로 끊임없이 수정될 수가 있습니다. 그러나 의식으로부터 억제되고(repressed) 고립되는 경우에는 그것은 결코 교정될 수가 없습니다. 더욱이 잘 모르는 순간에는 억제되었던 것이 갑자기 파열되어 나오는 위험도 있습니다. 어떤 일에 있어서나 그것은 무의식적인 장애를 형성하여 가장 선의의 시도를 좌절시키고 마는 것입니다.

우리는 우리의 과거를, 즉 모든 열등한 욕망이나 감정을 가진 미개인을 자기 자신 속에 함께 지니고 살게 됩니다. 그래서 우리는 상당한 노력을 함으로써만 비로소 자기 자신을 이 무거운 짐으로부터 해방시킬 수가 있습니다. 이것을 성공시키지 못하고 신경증이 되어 버리는 경우에는 반드시 그 배후에 상당히 강화된 세력을 가진 그림자(shadow)를 숨기고 있게 됩니다. 그러므로 이런 환자의 치료를 성공시키려면, 의식적인 인격과 그 〈그림자〉가 공존할 수 있게 하는 방법을 발견하는 것이 필요합니다.

자신이 이런 곤궁한 상태에 있거나 환자를 정상적인 생활로 이끌 입장에 있는 사람들에게는 이것은 대단히 진지한 문제입니다. 〈그림자〉를 다만 억압하기만 하는 것은 두통을 앓는 사람의 머리를 자르면 된다고 하는 것과 같이 어떤 치료도 될 수 없습니다. 환자가 지니고 있는 도덕체계를 피괴해 버리는 것도 아무런 도움이 되지 않습니다. 왜냐하면, 그렇게 함으로써 그것 없이는 그림자라도 그 의미를 갖지 못하는, 환자의 보다 좋은 자기(Self)까지 죽여 버리기 때문입니다. 이 모순을 극복하는 일은 고대에 있어서도 이미 사람들의 마음을 괴롭혔던 극히 중요한 문제의 하나였습니다. 예를 들면, 2세기의 신플라톤파의 철학자로 카르포크라테스(karpokrates)라는 사람이 있습니다. 이 사람은 다른 면에서는 전설적인 인물로 알려진 사람입니다. 그는 마태복음 5장 25절을 다음과 같은 의미로 해석하였습니다. "그대는 그대 자신과 더불어 길을 가고 있는 동안에 너의 적과 곧 화해하라." 여기서 적이란 육체적인 인간을 말합니다. 살아 있는 육체는 빼놓을 수 없는 인격의 한 부분이기 때문에, 그러므로 이 텍스트는 다음과 같은 의미로 읽지 않으면 안 됩니다. "그대는 그대 자신과 더불어 같은 길을 가고 있는 동안에 그대 자신과 곧 화해하라." 강건한(robust) 정신을 지니고 있던 교부들(Fathers)이 이 미묘하고 섬세한 점을, 더욱이 현대적인 관점에서 보면 극히 실용적인 이 논법의 가치를 잘 평가할 수 없었다는 것은 당연한 일입니다. 그리고 그것은 왜 인간의 생명이 희생되지 않으면 안 되었는지를 망각한, 현대문명이 당면하고 있는 생사가 걸려 있는 문제이며, 또 논리적으로도 한번 취급해야 할 위험한 문제인 것입니다. 그것이 자기에게 의미가 있다는 것을 알았을 때에 인간은 믿을 수 없을 만한 일을 할 수가 있는 것입니다. 그러나 이 의미를 만들어 내는 일이 우선 어려운 점입니다. 그러기 위해서는 하나의 확신이 요구되는 것은 물론입니다. 그러나 인간이 생각해 낼 수 있는 한에서의 가장 확신을 주는 것들은 모두 천편일률적이고 값싼 것에 지나지 않아 인간에게 자신의 개인적인 욕망과 불안에 대항하기까지 확신을 줄 수는 없다는 것을 발견하게 될 것입니다.

    그림자가 지니고 있는 경향 가운데서 억제된 것이 다만 악한 것이라고 한다면 아무 문제가 되지 않을 것입니다.

그러나 이 그림자는 보통의 경우 절대적인 악은 아니고, 거북스런 악에 지나지 않습니다. 또 이 그림자는 인간존재를 어떤 의미에서는 미화하고 활기있게 하는, 열등하고 유치한 혹은 원시적인 성질을 지니고 있습니다. 다만 그것이 인습적인 도덕의 규칙에 저촉되는 점이 우리의 혐오를 유발합니다. 우리 현대문명의 꽃이라고 할 수 있는 교육받은 대중은 이미 어느 정도 그 뿌리를 상실하고 대지와의 관계를 잃어 버리려 하고 있습니다. 오늘날 하층계급의 상태에서 볼 때 의견의 상충으로 생긴 불안상태에 놓여 있지 않은 문명국은 거의 없게 되었습니다. 유럽의 많은 나라에서는 그러한 상태가 상류계급에까지 미치고 있습니다. 이것은 우리가 지금까지 논하여 온 심리적인 문제가 큰 규모로 나타난 것에 지나지 않습니다. 집단이라는 것이 단지 개인의 집적(accumulations)인 한에서는 집단의 문제도 또한 개인적인 문제의 집적인 것입니다. 어떤 종류의 사람들은 우리 가운데 잠재하고 있는 고급부분과 자신을 동일시하여 하급부분과의 접촉을 잃어 버리고 있는 반면, 하급부분만을 대표하는 다른 사람들은 상층부분에 도달하려고 원합니다.

　이러한 문제가 입법이나 그 밖의 인위적인 수단에 의하여 결코 해결되지는 않을 것입니다. 그것은 우리의 정신적인 태도가 전반적으로 변화함으로써 비로소 해결되는 문제입니다. 그리고 이같은 변화는 선전이나 대중집회나 혹은 폭력에 의하여 시작되는 것은 아닙니다. 그것은 개개인의 마음의 변화와 함께 시작되는 것입니다. 그것은 모든 인간들의 개인적인 호불호(好不好), 인생관 및 윤리관의 변화로 나타나며, 그러한 개인적인 변화의 집적만이 집단적인 해결을 가져올 수 있을 것입니다.

 교육받은 사람들은 자기 가운데 잠재하고 있는 인간성의 하등부분을 억제하려 하는데, 그때 그들은 그것이 하등부분이 반란을 일으키지 않을 수 없는 상황으로 억제하는 것임을 알지 못하고 있습니다. 흥미있는 것은, 나의 환자는 〈왼쪽 날개를 완전히 묵살할〉 것을 목적으로 하는 군대조직의 꿈을 본 적이 있습니다. 그 꿈에서 누군가가 〈왼쪽 날개는 이미 약하다〉고 말하고 있지만, 군인들은 도리어 그 때문에 왼쪽 날개가 완전히 묵살될 필요가 있다고 대답합니다. 이 꿈으로 우리는 이 환자가 자기 속에 있는 하등부분을 어떻게 처리할 수 있는가를 알 수가 있습니다. 이것은 분명히 올바른 방법은 아닙니다. 이에 반하여, 〈정신통일의 집〉에 대한 꿈은 이 환자의 의문에 대한 올바른 답으로 하나의 종교적 태도를 지시하고 있습니다. 만다라는 이 특수한 점을 부연하는 것으로 생각됩니다. 이미 앞에서 본 바와 같이, 이 경우 전통적인 만다라는 신의 성질을 철학적으로 설명하기 위해서, 혹은 예배의 목적으로 신을 눈에 보이는 것으로 표현하기 위한 상징으로서, 혹은 또 동양에서와 같이 요가수행을 위한 얀트라(yantra)로서의 역할을 다하고 있습니다. 하늘의 원의 전체('完全性')와 4개의 원리, 원소 혹은 심성을 결합하고 있는 정방형의 대지는 완전성과 결합을 나타내고 있는 것입니다.[61] 그러므로 이 만다라는 〈결합을 가져오는 상 징〉[62]으로서의 의미를 가지고 있습니다. 신과 인간의 결합이 그리스도나 십자가의 상징에서 표현되고 있는 것과 같이 우리 환자의 꿈에 나온 우주시계도 그와 유사한 두 가지를 결합하고 있다는 의미를 지니고 있습니다. 그러나 지금까지 있어 온 이와 유사한 여러 가지로부터 선입관을 가져 온 우리는 당연히 만다라의 중심에는 하나의 신이 차지하고 있어야 한다고 기대하지 않으면 안 됩니다. 그러나 그 중심은 비어 있습니다. 지금까지 존재한 선례에 따라 분석해 보면, 이 만다라에는 신은 원으로 상징되어 있고, 또 여신(이것은 또 〈대지〉 혹은 〈심혼〉이라고 말할 수도 있다)은 4각형으로 상징되고 있을 것임에 틀림이 없겠지만, 신이 있어야 할 자리에는 공석(空席)으로 되어 있습니다. 역사적인 지식을 통하여 우리 머리 속에 들어 온 선입관과는 반대되겠지만, 우리는 본래부터 성상(聖像)이 있어야 할 자리가 4라는 상징이 점하고 있는 〈정신통일의 집〉에서와 같이, 이 만다라에는 신의 흔적을

자연적 상징의 역사와 심리 159

전혀 발견할 수 없다고 주장하지 않으면 안 됩니다. 반대로 거기에는 기계적인 틀이 있을 뿐입니다. 선입관을 위해서 이 중요한 사실을 무시할 수가 없을 것입니다. 꿈이든 환각이든 그것은 우리 눈에 비치는 그대로 보아야 할 것입니다. 그것은 그 밖에 다른 것을 위한 수식이 아니기 때문입니다.‘그것은 자연의 소산이며, 즉 어떤 외부적 동기가 없어도 일어나는 독립된 존재입니다.

나는 누구로부터도 암시를 받은 바 없는 환자들이 본 만다라를 많이 관찰할 기회가 있었는데, 거의 예외 없이, 지금과 똑같은 사실을 만나고 있습니다. 즉 만다라 중심에는 신이 있는 일이 한번도 없었다는 것입니다. 대개의 경우 중심은 어떤 의미로 강조되고 있을 뿐입니다. 그러나 거기에 있는 신들과는 대단히 다른 의미를 가진 상징입니다. 그것은 예컨대, 별, 태양, 꽃, 두 변이 같은 십자가, 보석, 물, 혹은 포도주를 넣은 그릇, 몸을 칭칭 감고 있는 뱀, 혹은 인간 등이 있지만 신이 거기에 있어 본 적은 한번도 없었습니다.

우리는 중세 교회의 원창(圓窓) 가운데서 승리의 그리스도상을 보게 될 때, 이것은 그리스도교 신앙의 중심적 상징의 하나임에 틀림없다고 추정하는데, 이 경우 우리의 추정은 올바른 것입니다. 우리는 또 어떤 민족의 역사에 뿌리를 두고 있는 종교는 모두, 예컨대 그 민족이 발전시킨 정치형태와 같이, 그 민족의 심리의 표현으로서의 의미를 가지고 있다고 생각합니다. 현대인의 꿈이나 환각에서 보았거나, 혹은 〈능동적 상상(active imagination)〉으로 발전시킨 만다라에다 이와 동일한 방법을 응용해 보면, 우리는 만다라는 〈종교적〉이라고밖에는 부를 수 없는 어떤 종류의 정신적 태도를 표명하는 것이라는 결론에 도달하게 됩니다.

종교는 가장 높거나 가장 강한 가치─가령 그 가치가 적극적이든 소극적이든─에 대한 관계입니다. 그리고 그 관계는 자유의지에 의한 경우도 있지만 그렇지 않은 경우도 있습니다. 즉 우리가 무의식 중에 하나의 가치에 붙잡히는(possessed) 경우도 있겠지만 또 그 가치를 의식적으로 받아들이는 경우도 있을 수 있습니다. 한 인간이 가지고 있는 심리적 사실 가운데서 가장 세력이 강한 것이 신이라는 형태를 취하고 있습니다. 왜냐하면, 신이라고 불려지는 것은 심리적 사실 가운데서 항상 압도적인 것이기 때문입니다. 따라서 하나의 신이 그 압도적인 힘을 가진 심리적 요소임을 멈추게 되자마자 단순한 이름만이 남게 되는 것입니다. 이 경우 신의 본질이 죽고 이와 동시에 그 신이 가진 힘도 사라져 버리게 됩니다. 그리이스, 로마시대의 신들이 그 권세와 인간의 마음에 대한 위력을 상실하는 것은 왜 그럴까요? 그것은 올림포스의 신들이 그 임무를 끝마치고 이를 대신하는 새로운 신비가 개시되어 신이 인간이 되기 때문입니다.

근대적인 만다라로부터 어떤 결론을 이끌어 내려고 하면, 먼저 그 만다라를 본 본인에게 별, 태양, 꽃, 뱀 등을 숭배하는지를 물어볼 필요가 있을 것입니다. 그러면 그때 그들은 무엇보다도 그것을 부정하겠지만, 이와 동시에 지구나 별, 십자가, 그 밖에 이와 유사한 것들은 그들 자신 가운데 있는 하나의 중심을 상징하고 있다고 단언할 것입니다. 그리고 그 중심은 도대체 무엇을 의미하느냐고 물어 보면, 말을 더듬기 시작하면서, 가령 내 환자가 본 〈우주시계〉에 대하여 적극적으로 "이 환각을 본 후에 나의 마음 가운데에는 완전한 조화의 감정이 남게 되었습니다"라는 고백으로 요약할 수 있는 것과 유사한, 이러저러한 체험들을 나열할 것입니다. 또한 이와 유사한 환각에 사로잡히는 것은 자기가 극도의 고통이나 심각한 절망으로 번민할 때였다고 고백하는 사람도 있을 것입니다. 그리고 또 그것을 계기로 하여 오랜 기간의 무익한 싸움이 끝마쳐지고 평화가 돌아온 감명깊은 꿈이나 순간을 상기하는 사람도 있을 것입니다. 그리고 그 사람들이 자기의 경험에 대하여 말하는 것을 요약하면 다음과 같이 말할 수 있을 것입니다. 즉 그들은 자기 자신을 회복하고, 자기 자신을 받아들일 수 있고, 자기 자신과의 화해에 성공할 수 있다면, 이로써 그들은 적대적인 환경과 사건과도 화해할 수 있을 것입니다. 이것은 전에 말한 "저 사람은 신과의 사이에 화해를 맺었다. 저 사람은 자기 자신을 신의 의지에 복종시킴으로써 자기 자신의 의지를 희생시켰다"고 하는 말이 의미하는 바와 거의 똑같은 뜻을 가지고 있습니다.

현대의 만다라는 저 정신적 상황이 부지불식간에 자기를 고백한 것에 지나지 않습니다. 현대적 만다라에는 신도 없고 신에 대한 굴종이나 혹은 신과의 화해를 표시하는 어떤 것도 들어 있지 않습니다. 하나의 전체로서의 인간이 신을 대신하여 그 자리를 점령하고 있다고 생각합니다.[63]

인간에 대하여 말할 때, 누구나 자신의 에고적 퍼스넬리티를, 즉 자기가 의식하고 있는 한에서의 자기의 정신적 태도를 염두에 두고 있음에 틀림없고, 다른 사람에 대하여 말할 경우에도 우리는 그 타인의 정신구조와 자신의 그것과는 대단히 유사한 것이 있다고 상상합니다. 그러나 최근의 연구결과, 개인의 의식은 제한을 둘 수 없을 만큼 광대함을 지닌 무의식 위에 바탕을 두고 있고, 그 무의식으로 둘러싸여져 있는 사실을 알게 된 우리는, 어떻든 인간은 그 인간이 지닌 의식이외에 아무것도 아니라고 하는 낡은 선입관을 재검토할 필요가 있게 되었습니다. 이같은 단순한 사고 방식에 대하여는 곧 이 경우의 의식이란 도대체 누구의 의식인가 하는 비판적인 질문이 던져지지 않으면 안 됩니다. 사실상 내가 내 자신에 대하여 가지고 있는 이미지를 다른 사람들이 나에 대하여 가지고 있는 그것과 일치시키는 것은 곤란한 일입니다. 양자가 다르다고 할 경우 어떻게 말하는 것이 올바른 것일까요? 또 한 개인의 진정한 모습이란 누구를 말하는 것일까요? 더 나아가서, 인간은 자타(自他)에 의해서 의식될 뿐만 아니라 자기도 타인도 그에 대해서 알지 못한다는 사실(즉 그것이 존재한다는 것은 분명히 알려져 있지만)을 고려해본다면, 이 정체(identity)의 문제는 더욱 어려운 과제가 됩니다.

  사실상 심리적 존재가 지니고 있는 넓이(extension)와 그 궁극적 성격(ultimate character)을 결정한다는 것은 불가능합니다. 이렇게 본다면, 인간을 논하는 경우 우리가 문제로 하는 것은, 그 인간이란 경계를 정하기 어려운 전체(whole), 단지 상징적으로만 표현될 수 있는 말로 하기 어려운 총체(totality)라는 것입니다. 나는 인간의 총체―즉 그 인간이 지니고 있는 의식적·무의식적인 요소의 총계(總計)―를 지시하는 말로 〈자기(Self)〉라는 말을 사용하고 있습니다.[64] 내가 이 말을 사용하기에 이른 것은, 신들이 인간이 되는 단계가 있기 이전인 아득한 과거에 생겨난 여러 종류의 문제들로 수 세기 동안 싸워 온 동양철학의 용례(用例)에 따른 것입니다.[65] 즉 우파니샤드 철학은 신들의 상대성을 이미 옛날에 인정한 하나의 심리학에 해당한다고 생각됩니다. 그리고 그러한 인식을 무신론이라는 말로 뭉뚱그리는 것과 같이 지극히 단순할 수밖에 없는 오류와 혼동하여서는 안 됩니다. 우주자체는 태고 이래 그 모습을 바꾸고 있지 않지만 우리의 의식은 독자적인 변화를 겪어왔습니다. 우선 아주 옛날에는(그러나 오늘날까지도 살아남아 있는 원시인의 경우에서 아직도 관찰할 수 있는 바이지만) 심혼의 생활의 중요부분은 심혼에 가까이 있는 인간, 그리고 인간 이외의 대상 가운데에 분명히 있었습니다. 오늘날의 말로 표현하면 심혼생활의 중요부분은 투영(projected)되어 있다고 할 수 있을 것입니다.[66] 이 투영이란 정도의 차이가 있겠지만 완전히 행해진 상태에서는 의식을 운운할 여지는 거의 없습니다. 기껏해야 그것은 감정의 집적 외에는 아무것도 아닐 것입니다. 의식적인 인식은 투영되어 있던 것이 후퇴하는 과정을 통하여 서서히 발달하는 것입니다.

  과학은 천문법칙의 발견과 함께 시작하였는데, 그것이 발달하는 최초의 단계에서는 투영되어 있는 세계를 비정신화(despiritualization)함으로써 가능하였습니다. 이러한 한 발자국이 또 다른 한 발자국으로 발전하곤 하였습니다. 그리이스·로마시대에 이미 신들은 산이나 강, 나무나 동물 가운데 들어 있던 것에서부터 물러나지 않으면 안 되었습니다. 근대과학은 그 가운데 들어 있는 어떠한 투영물이라도 거의 인식할 수 없을 정도로 세련시켜 왔습니다. 그러나 우리의 일상생활에는 아직도 투영물이 우글거리고 있습니다. 그것은 신문, 서적, 루우머, 사교계의 가십에 널리 퍼져 있음을 알 수 있습니다. 참다운 지식이 결핍되어 있는 간격에는 모두 투영물로 메꾸어져 있습니다. 우리는 아직까지도 다른 사람들이 무엇을 생각하고 있고, 다른 사람의 진정한 성격이 무엇인지를 알고 있다고 확신하고 있습니다. 또 우리는 어떤 사람들은 우리 자신이 알지 못하는 온갖 나쁜 성질을 다 가지고 있다고 확신하고 있거나 나 자신은 그렇지 않은데 그들은 온갖 나쁜 짓을 한다고 믿고 있습니다. 우리는 오늘날까지도 너무 부끄러움 없이 자기 자신의 그림자를 다른 사람에게 투영하고 있지는 않은지 주의하지 않으면 안 됩니다.

 사실상 오늘날까지도 우리는 자기가 투영한 환상의 홍수 속에 들어 있는 것입니다. 누군가가 만약 이러한 투영물을 모두 제거시킬 용기를 가지고 있는 사람이 있다면 그 사람은 자기 자신 가운데 들어 있는 상당한 정도의 그림자를 의식할 수 있을 것입니다. 이러한 사람은 자기 자신에게 새로운 문제와 새로운 갈등을 부과한 인간일 것입니다. 그는 자기 자신에게 해결을 요하는 하나의 중대문제가 되고 있는 것입니다. 왜냐하면, 지금 그는 다른 사람이 이런 짓을 했다거나 저런 짓을 했다고 핑계할 수 없고, 잘못한 것은 모두 다른 사람이라고 할 수도 없으며, 싸움을 건 것도 다른 사람이라고 말하는 것이 허용되지 않기 때문입니다. 그는 〈정신통일의 집〉에 살고 있는 것입니다. 이런 사람은 세상에서 무엇이나 자기 자신 가운데도 존재하고 있음을 알고 있고, 그리고 만약 그가 자신의 그림자를 처리하는 법을 알고 있다면, 그렇게 함으로써 그는 세상을 위해 어떤 실제적인 일을 한 것이 됩니다. 이때에 그는 현대가 제기하는 미해결의 문제를, 최소한 그것의 지극히 작은 한 부분만이라도 해결하는 데 성공한 것입니다. 이러한 문제의 해결이 이렇게 힘드는 이유는 해독(害毒)되어 있기 때문입니다. 또 누구나 자기 자신을 알지 못하며, 무의식 속으로 우리의 모든 행동이 빠져 들어가고 마는, 저 어두운 부분을 알지 못하는 상태에서는 어떻게 사물의 진심을 똑바로 볼 수가 있겠습니까?

현대심리학이 발달한 오늘날의 우리는 인간을 구성하고 있는 진상에 대하여 훨씬 더 잘 이해를 하고 있습니다. 처음에 초인적인 힘과 미(美)를 갖추고 눈덮힌 산이나 어두운 동굴, 숲이나 바다에 살고 있던 신들은 후에 모여서 하나의 신이 되고, 이 신은 마침내 인간이 되었습니다. 그러나 현대에는 인간이 된 이 신들도 그 옥좌(玉座)를 내려와 범인(凡人) 가운데로 들어 오고 말았습니다. 신의 자리가 비어 있는 것은 아마도 이 때문일 것입니다. 그러나 그 보상으로서 현대인은 거의 병적이라고 할 정도로 의식의 오만에 빠져 있습니다. 심지어 인간은 심혼의 학문을 만들 수 있을 것이라고까지 꿈꾸고 있습니다. 그러나 실제로는 심혼이야말로 의식의 모태이며 주체이고, 의식이 성립하는 근원인 것입니다. 심혼의 영토는 의식의 영토보다도 훨씬 넓어서, 의식은 심혼에 비하면 큰 바다 가운데 떠 있는 하나의 섬에 지나지 않는 것입니다. 섬이 작고 좁은 데 반하여, 대양은 무한히 넓고 깊어서, 만약 공간의 문제와 견주어 본다면 신들이 안이나 밖을 가지고 있는지는 문제도 되지 않습니다. 그러나 만약 세계의 역사가 심혼의 비밀을 벗겨 버리는, 즉 투영물이 제거되는 역사적인 과정으로서 오늘날까지 진행되어 온 것이라고 한다면, 신적 혹은 악령적인 성격을 가지고 있는 모든 것은 그 출발점이라고 생각되는 인간의 심혼으로, 미지의 인간의 내면으로 되돌아가지 않으면 안 되는 것입니다. 이같은 과정의 최초 단계에서는 유물론적인 오류도 불가피하게 생겨날 수 있는 것처럼 생각됩니다.

    은하계 우주에서 신의 옥좌(玉座)를 발견할 수 없었던 우리는 신은 결코 존재하지 않는다는 결론을 내립니다.

우리가 피할 수 없었던 두 번째의 오류는 심리만능주의(psychologism)입니다. 이 설에 따르면, 가령 신이라는 것이 존재한다면 그것은 어떤 동기—예컨대, 권력에의 의지나 혹은 억제된 성욕—로부터 생겨난 환상에 지나지 않는다는 것입니다. 이러한 논법은 별로 새로운 것이 아닙니다.

이교신의 우상을 파괴한 그리스도교 선교사들도 이미 이와 유사한 말을 하였습니다. 그러나 옛날 선교사들이 한 편으로는 낡은 신의 권위를 타파하면서 다른 한 편으로는 자기들은 하나의 새로운 신을 섬기고 있다는 의식을 가지고 있었던 데 비해서 현대의 우상파괴자들은 누구의 이름으로 낡은 가치를 타파하고 있는지를 의식하지 못하고 있습니다.

낡은 가치의 목록을 파괴해 버리는 데에 자기의 책임을 느꼈던 니이체도 다시금 짜라투스트라에 의해서 자기의 약함을 편달시키지 않을 수 없었던 것은 주목할 만한 현상입니다. 짜라투스트라는 말하자면 니이체의 제2의 자아(alter ego)로서, 그는 저 유명한 비극 『짜라투스트라는 이렇게 말했다』에서 자기를 그와 동일시하고 있습니다. 니이체는 무신론자는 아니었습니다. 그러나 그의 신은 죽었습니다. 그 결과 그 자신 안에서 분열이 생겨, 그는 자기 하나의 개아를 어떤 때는 짜라투스트라로서, 어떤 때

자연적 상징의 역사와 심리 169

는 디오니소스로서 인격화시키려는 충동에 이끌려 갔던 것입니다. 저 운명적인 병에 걸려 있을 때의 그는 편지의 서명에서 디오니소스의 분신인 트라키아인(Thracians)의 자구레우스(Zagreus)의 이름을 사용하고 있습니다. 『짜라투스트라는 이렇게 말했다』의 비극의 본질은 자기 신이 죽었기 때문에 니이체 자신이 하나의 신이 되어 버렸다고 하는 것입니다. 그리고 이같은 일이 일어난 것은 그가 무신론자가 아니었기 때문입니다. 너무도 적극적인 성격의 소유자였던 그는 무신론이라고 하는 소극적인 교리에 만족할 수 없었습니다. 이러한 성격의 사람에게서 신은 죽었다고 하는 말이 나오게끔 된 것은 심각한 정신적 위기였습니다. 그는 곧 〈인격팽창현상(inflation)〉에 희생되지 않을 수 없었습니다.[67] 신의 관념은 대단히 중요하고 압도적이기조차 한 정신적 강도를 표현하고 있기 때문에, 그리고 이러한 강도는 자율적이어서 자기(Self)에 속하지 않으며, 아마도 자아와는 전혀 다른 존재이거나 혹은 초인간적인 실재일 것입니다.

　이러한 압도적인 힘에 부딪혀서 인간은 자기의 왜소함을 느끼지 않으면 안 되었습니다. 그러나 그가 만약 신의 죽음이라는 〈두려움(tremendum)〉을 선포했다면, 그는 여기서 분출되어 나오는 헤아릴 수 없이 많은 에너지(옛날에는 신만큼 큰 존재로 발견되었겠지만)가 일시에 사라져가고 있음을 발견하지 않을 수 없었을 것입니다. 그 힘은 다른 이름을 빌어, 즉 〈국가〉라든가 무슨 주의(~ism)로 끝나는 것들(가령 무신론(atheism)같은 것)의 이름을 빌어서 나타날 것입니다. 어떤 주의(~ism)에 대해서 사람들은 옛날에 신에게 기대했던 것만큼 큰 것을 믿고, 바라고, 기대하려고 합니다. 만약 그것이 새로운 이름을 빌어서 나타나지 않는다면, 분명히 신은 죽었다고 선언을 한 사람의 정신상태로 되돌아가고 말 것입니다. 그것은 두려운 에너지 문제와 관련이 있기 때문에 그 과다한 에너지의 결과는 인격의 분열이라는 형태로 나타날 중요한 심리적 장애를 가져 올 것입니다. 에너지의 파열은 인격의 이분이거나 혹은 여러 조각으로 분열되는 원인이 될 수 있습니다. 마치 하나의 단일한 개체가 에너지의 총량을 짊어질 수가 없어서 지금까지 단일한 기능으로 작용해 왔던 인격의 여러 부분들이 갑자기 부서지고 인격의 자율성이 지닌 품위와 자율성을 떠맡는 꼴이 됩니다.

다행히도 대부분의 사람들은 니이체만큼 민감하거나 종교적인 사람들이 아닙니다. 만약 머리가 민감하지 않은 사람들이 신의 관념을 잃어 버린다면 아무 일도 일어나지 않을 것입니다. 직접적으로도 그렇거니와 인격적으로도 아무 탈이 생기지 않습니다. 그러나 사회적으로 볼 때는 대중들은 정신적인 질병을 양육하기 시작하는데, 이에 대해서는 오늘날 많은 예를 들 수 있을 것입니다.

만다라에 의해서 형성된 체험은 더이상 신의 상을 투영할 수 없는 사람들에게서 보이는 특유한 현상이 보입니다. 이 사람들은 신의 상이 외계로부터 철수되어 지금은 반대로 개아의 내부를 향해 투사된 결과 인격의 팽창 및 해체의 위기에 빠져 있는 자들입니다. 따라서 중심이 원이나 4각형으로 둘러싸여져 있는 것은 방어벽이나 혹은 헤르메스교(敎)에서 말하는 그릇(vas)을 설치하여 폭발이나 와해를 방지하기 위한 주술적 수단의 가치를 지니고 있습니다. 그러므로 만다라는 중심(즉 다른 것이 아닌 '개아')에 대한 오롯한 집중을 표시하는 동시에 그것을 엄호하는 데 사용되는 것입니다. 그러나 이 상태를 〈자아중심(egocentricity)〉이라는 것과 혼동해서는 안 됩니다. 그것은 오히려 자아중심과는 정반대로 인격의 팽창과 해체를 피하기 위해서 필요한 자기 통제를 하기 때문입니다.

우리가 이미 본 바와 같이, 그 둘러싸여져 있는 제한된 영역은 그리이스 말로 성역(聖域: témenos)이라고 불려지고 있는 곳, 즉 신사(神社)의 경내(境內)이거나 혹은 어떤 고립된 신성한 장소 같은 것을 의미하고 있습니다. 이 경우에 원은 외계의 것과 혼합되어서는 안 되는 내면적인 내용 혹은 과정을 보호하거나 격리시키고 있습니다. 그러므로 만다라는 옛날에는 구체적인 현실이었던 고대적인 수단과 방법을 상징적으로 현대에 반복하는 것입니다. 이미 말한 바와 같이 성역(聖域: témenos)의 주민은 원래 신이었습니다. 그러나 별, 십자가, 공, 그 밖에 현대인의 만다라에서 사용되고 있는 상징이 의미하는 바로는 신이라기보다는 오히려 분명히 인간 인격의 중요한 일부분이 되었으므로, 그런 한에서 만다라에 나오는 갇힌 인간 혹은 잘 보호를 받고 있는 주민은 신이 아닌 것처럼 생각됩니다. 인간 자신이자 혹은 최소한 그의 가장 내오(內奧)의 영혼이 갇힌 수인(囚人)이거나 만다라가 지닌 보호를 받는 주민이라고 말할 수 있을 것입니다. 현대인의 만다라와 보통 그 중심에서 유사한 것이 존재하는 것을 보면, 현대의 만다라에서는 인간이 ─즉 완전한 인간이 ─ 신을 대신하고 있는 것은 분명합니다.

 이러한 대치(代置)가 자연적이고 자발적인 사건이라는 것, 그리고 우리가 예를 든 꿈에서 알 수 있었던 바와 같이 그것은 거의 본질적으로 무의식적인 산물이라는 것이 매우 주목할 만한 사실인 것입니다. 자립적인 존재로서의 신의 관념이 이제 더이상 투영되지 않는 경우, 이제 무엇이 일어나고 있는지에 대한 의문을 우리가 알고자 한다면 무의식의 정신은 다음과 같이 대답합니다. "무의식은 이 경우 신격화된 인간, 혹은 신적인 인간을 만들어 낸다. 그리고 그 인간은 감금, 은닉, 보호되고 있는데 대개의 경우에는 비인격화되어서 하나의 추상적인 상징으로 표현되고 있다." 이 상징들은 나의 환자의 우주시계의 경우와 같은 대우주는 물론이고 소우주에 대한 중세적 개념도 이따금 암시하고 있습니다.

만다라에 이르기까지의 많은 과정은 만다라 자신을 포함하여 중세인들이 생각한 것을 그대로 표현한 것처럼 생각됩니다. 마치 그 사람들은 〈현자의 돌(philosopher's stone)〉,〈신적인 물(aqua permanens)〉, 원(圓), 구적법(求積法: squareness), 4개의 색 등에 대한 옛날 논문을 읽은 것처럼 생각될 정도입니다. 그러나 실제로 그들은 이같은 철학이나 그 신비한 상징론에 접해 본 적이 한번도 없습니다.

이같은 사실을 올바르게 평가하는 것은 쉽지가 않습니다. 그것이 중세의 상징과 놀랄 만큼 명료하게 유사하다는 점을 첫째로 강조하게 되면, 그것은 중세적 및 고대적인 사고 방법으로의 퇴행의 일종이라고 설명하는 것과 같은 것이 될 것입니다. 그러나 고대적인 사고 방식으로의 이같은 퇴행에는 수준 이하의 적응(inferior adaptation)과 적극성의 결여(lack of efficiency)라는 현상이 뒤따르게 될 것입니다. 그러나 이같은 결과가 이상에서 말한 것과 같은 심리의 발달에 따라 반드시 이루어 지는 것은 전혀 아닙니다.

  오히려 반대로 그러한 심리적 과정이 있은 뒤에는 신경증이나 사회에 등을 돌리고 있던 태도 등이 상당히 개선되며, 환자의 인격 전체가 좋은 방향으로 전환을 하게 됩니다. 적응은 오히려 개선되고 어떤 방식으로든 상처를 받지 않게 됩니다. 그 때문에 나는 지금 우리가 문제로 삼고 있는 심리적 과정에 대하여, 그것을 단순한 퇴행현상이라고 가볍게 말해서는 안 될 것이라고 믿습니다. 나는 오히려 심리과정의 참된 연속이라고 이해하고 싶은 생각이 듭니다. 즉 만다라에 관한 심리현상이 일견 그 재료를 과거로부터 얻은 듯이 보이는 사실은 중세 초기에 시작한, 아마도 더 내려가 고대 그리스도교 초기부터 시작한 정신의 한 발전과정의 계속이라고 해석하고 싶어집니다. 이 과정에서 나타난 상징 가운데서 가장 주요한 것이 부분적으로는 1세기에 이미 존재했다는 것을 기록으로 이미 증명할 수 있습니다. 즉〈대사제 코마리오스, 클레오파트라에게 신적인 기술을 가르친다〉는 표제를 가진 그리이스어로 쓰여진 논문이 그것입니다.[68]

  원전은 분명히 이교적이고 이집트에서 온 것입니다. 3세기의 그노시스파였던 조시모스(Zosimos)의 책에 나오는 신비적인 원전도 이 계열에 속합니다.[69] 그러나 조시모스의 경우에는 그 근본상징은 신플라톤파적이고 헤르메스교(敎) 문헌에 보이는 철학과 밀접한 관계가 있음에도 불구하고 유대교나 그리스도교의 영향이 명료히 간취되고 있습니다.[70]

만다라와 결부된 상징이 이교 문헌에까지 거슬러 올라가 비슷한 흔적을 발견할 수 있다는 사실은 우리가 지금까지 문제로 삼아 온 현대적인 현상에 독자적인 해석의 여지를 남겨 주고 있습니다. 즉 현대인의 심리 가운데서 보여지는 이와 같은 현상은 전통과 직접 관계는 없지만 그노시스적인 사고방식의 계속이라고 할 수 있습니다. 모든 종교는 어떤 일반적 심리상태의 자발적 발현이라는 나의 가정이 올바르다면, 그리스도는 기원 전후의 세기와 그 후 몇 세기 사이에 지배적이었던 심리상황이 그 표현형식을 얻은 것에 지나지 않습니다. 그러나 어떤 일정한 시대에 지배적이었던 특정한 상황도 시대가 변함에 따라서 다른 심리상황의 존재도 허용하지 않으면 안 되는 상황에 있게 됩니다. 그리고 이 다른 심리상황도 각각 독자적인 종교적 표현형식을 가질 능력을 구비하게 됩니다. 그리스도교는 자기의 기반이 된 심리상황과 전혀 다른 심리상황이 표현형식을 가진 그노시스파에 대항하여 상당한 기간 동안 생사를 걸고 투쟁하지 않으면 안 되었습니다. 그 결과 그노시스파는 철저하게 전멸되었고, 그 잔재도 그노시스파가 지닌 내면적 의미를 살피기 위해서 특별한 연구를 하지 않으면 안 될 정도로 난도질당하였습니다. 그러나 우리의 꿈이나 환각에 나오는 상징의 역사적 원칙이 중세를 넘어서서 고대에까지 미쳐 가게 되는 경우, 그 상징의 대부분이 그노시스파에서 나오고 있음은 의심의 여지가 없습니다.

일단 억압된 심리상황이 그것을 억압한 조건을 떠받들고 있는 근본이념의 세력이 쇠약해진 순간을 기회로 하여 다시 대두하게 된다는 것을 생각하지 않으면 안 됩니다. 이단이었던 그노시스파는 근절되어 역사의 표면에서는 그 모습을 감추었음에도 불구하고 연금술이라는 감추어진 모습을 하고 중세기 동안 계속 살아 왔습니다. 잘 알려진 바와 같이 연금술에는 상호보충하는 두 가지 부분으로 성립되어 있습니다. 즉 그것은 한편으로는 본래의 의미에서의 화학연구이고 다른 한편으로는 〈이론(theoria)〉 혹은 〈철학(philosophia)〉입니다. 기원 1세기에 위(僞)데모크리토스(Pseudo - Demokritos)의 책의 표제가 『자연적인 것과 신비적인 것(ta physika kai ta mystika)』이라고 하는 것이 있는데, 이 책에서는 자연과학과 철학이라는 두개의 관점이 기원 개시 전후에 이미 상호침투 관계가 있었음을 말해주고 있습니다. 이와 똑같은 것이 라이덴의 파피루스 문서나 조시모스의 저작에도 나오고 있습니다. 고대의 연금술에 보여지는 종교사상이나 철학사상은 분명히 그노시스적 성격을 띠고 있습니다. 그리고 그 이후의 연금술에서 종교사상 및 철학사상의 중심이 되는 관념은 "태초의 혼돈한 바다 가운데서 태어난 세계의 심혼(anima mundi), 창조자(demiurge) 혹은 신적인 영은 어떤 잠재적인 상태로 물질 가운데 있고, 그리고 또 태초의 혼돈상태도 유지되고 있다"고 하는 데서 나타나고 있습니다. 그러므로 〈지혜의 자식들〉이라고 자칭하고 있던 이 철학자들은 그들의 이른바 제1원질(第一原質: prima materia)은 영(靈)을 잉태한 원초의 혼돈의 한 부분이라고 생각하고 있습니다. 그들이 말하는 〈영(靈)〉은 물질로서의 성격을 띤 프노이마(pneuma: 심혼, 바람, 공기, 원래는 호흡의 뜻—역주), 일종의 포착하기 어려운 물체로서 그들은 이것을 〈날개를 가진 것(volatile)〉이라고 불렀으며, 또 화학적으로는 산화물(酸化物) 그 밖의 다른 분해할 수 있는 화합물과 동일시하고 있습니다. 그들은 영을 메르쿠리(Mercury)라고 부르는데, 물론 그것은 화학적으로 수은(水銀)에 지나지 않는 것이지만 보통의 수은은 아니고 철학적으로는 계시의 신인 헤르메스를 말합니다. 이 헤르메스는 헤르메스 트리스 메기토스(Hermes Trismegistos)로서 연금술의 대권위(大權威)를 말합니다.[71] 그들의 목표는 혼돈으로부터 원초의 신적인 영을 이끌어내는 것인데, 여기서 이끌어내진 것은 〈제5의 본질

(quinta essentia)〉, 〈영원한 물(aqua permanens)〉, 〈신적인 물(hydor theion)〉, 〈염료(baph: 라틴어로는 tinctura라고 함—역주)〉 등으로 불러지고 있습니다. 1378년에 죽은 유명한 연금술사 요하네스 드 류페치사는 이 본질(quintessence을 '본질'이라 번역하였다: 정확히는 제5본질 quinta essentia에서 온 말이다—역주)을 〈인간에 의하여 만들어진 하늘(le ciel humain)〉이라고 부르고 있습니다. 그에게 있어서 그것은 푸른 색깔의 액체이며, 하늘과 같이 파괴할 수 없는 것입니다. 그는 이 본질은 하늘의 색깔을 가지며 〈그리고 태양이 하늘을 장식하고 있는 것과 똑같이 우리의 태양이 그것을 장식한다(et notre soleil l'a orné, tout ainsi que le soleil orne le ciel).〉고 말하고 있습니다. 이 경우 태양은 금을 비유한 것이 됩니다. "하늘은 순금이다(le soleil est vrai or)."라고 하는 그의 말에서 분명히 나타나는데 그는 계속해서 "이 두 가지가 서로 결합하여 우리의 마음 가운데로 흘러든다… 하늘 가운데에서의 하늘이 그리고 또 하늘의 태양과 똑같은 조건을 가지고 흘러든다(Ces deux choses conjointes ensemble, influent en nous… les conditions du Ciel des cieux, et du Soleil céleste)." 분명히 그는 푸른 하늘 및 그 가운데 있는 태양으로 이루어진 본질에 의하여 우리 마음 가운데에 이에 상응한 하늘 및 태양의 상이 생산되어 나온다고 생

각하고 있습니다. 이것이야말로 푸르고 금빛을 가진 소우주의 상이며, 나는 이것을 기욤므가 본 하늘의 환각과 직접 관련이 있다고 보고 싶습니다. 다만 색의 관계는 반대로 되고 있는데, 류페치사는 원반을 푸른색으로 보고 하늘을 금색으로 보고 있습니다. 따라서, 이와 똑같은 색의 배합을 가진 우주시계를 본 나의 환자는 어느 쪽이냐 하면 오히려 연금술 쪽에 가깝다고 할 수 있습니다.

하늘이라고 불려지고 있는 신비한 액체, 신적인 물은 창세기 제1장 6절에 보이는 〈창공 위의 물〉과 관계가 있습니다. 그리고 기능면에서 보면 이 물은 일종의 세례물로 생각되고 있고, 교회의 성수(聖水)와 같이 사물을 창조하거나 변형시킬 수 있는 힘을 가지고 있습니다.[72] 가톨릭 교회에서는 오늘날까지도 부활제 전에 성안식일(sabbathum sanctum)의 샘(泉)의 축복(benedictio fontis)의 의식(儀式)을 행합니다.[73] 요컨대 이 의식은 〈성령의 수중(水中)으로의 강하(降下)(descensus spiritus sancti in aquam)〉를 재현하는 것으로 되어 있습니다. 일상적인 물은 이 의식을 통하여 사물을 변형시키고 인간에게 정신적 재생을 주는 신적인 능력을 획득하게 됩니다. 연금술에서 말하는 이른바 〈신적인 물〉의 관념은 바로 이것에 해당합니다. 따라서 이 〈영원한 물(aqua permanens)〉의 개념이 이교적이고 그리스도교의 성수

(聖水)보다도 기원이 오래된 것이라는 사정이 아니라고 한다면 연금술에서 말하는 〈영원한 물〉은 이 〈샘의 축복〉에서 온 것이라고 생각해도 어려움이 없을 것입니다. 이 신비스러운 물은 이미 기원 1세기에 속하는 그리이스 연금술의 초기의 논문에 나오고 있습니다.[74] 더욱이 육체로의 〈심혼의 강하(descensus spiritus)〉는 그노시스파의 관념으로 마니교에도 극히 큰 영향을 주고 있습니다. 그리고 그것이 라틴 연금술의 중요한 관념이 된 것은 마니교로부터 영향을 받은 힘에 의해서였습니다. 이 철학자들의 목표는 불완전한 물질을 화학적 방법을 통하여 금으로, 즉 만능약(panacea) 혹은 생의 영액(靈液: elixir vitae)으로 변형시키는 것이지만, 이것을 철학적으로 혹은 신비주의적인 용어로 말해본다면, 불완전한 물질을 변형시킴으로써 신적인 헤르마푸로디테, 제2의 아담,[75] 부활을 통해 영광과 불사(不死)를 획득한 육체,[76] 혹은 또 다른 말로 하면, 빛중의 빛(lumen luminum),[77] 인간정신의 열림 혹은 예지(sapientia)를 획득하는 데 존재합니다. 내가 리차드 빌헬름(Richard Wilhelm)과 공저(共著)한 데서 말한 바와 같이, 중국의 연금술에도 이와 동일한 관념이 있는데, 여기서 이른바 〈대업(大業: opus magnum)〉의 목표로 하고 있는 것은 금강석체(金剛石體: diamond body)를 창조해내는 것이었습니다.

이와 같이 많은 유사현상을 예로 든 것은 내가 관찰한 여러 심리현상을 역사적으로 정리하려는 시도에서였습니다. 역사적인 연관이 없다면 그들은 뿌리가 없어서 단순한 호기심을 불러일으키는 존재에 불과할 것입니다. 이미 내가 지적한 바와 같이, 현대에 자발적으로 나타난 상징과 고대의 학설이나 신앙과의 관계는 직접 혹은 간접적인 전통에 의하여 설립된 것이 아니며 이따금 상상되는 바와 같이 비밀의 전통에 의하여 세워진 것도 아닙니다. 아무리 정밀히 조사해 보아도 나의 환자들이 이에 관계된 문헌을 읽었다거나 혹은 이러한 관념에 대하여 어떤 다른 측면에서 정보를 얻지는 않았을까 하는 가능성은 한번도 발견되고 있지 못합니다. 아무래도 그들의 무의식적인 사고는 최근의 2천년 동안 반복되면서 자신의 모습을 보여온 인류의 사고방향과 똑같은 방향으로 활동하고 있는 것처럼 생각됩니다. 이와 같은 연속성이 존재하는 이상 우리로서는 그 배후에 일정한 무의식 조건이 선천적·유전적 요소로서 존재하고 있다고 가정하지 않을 수 없습니다. 이 가정에서 나는 그들 관념자체가 직접 유전해 온다고 하는 것은 아닙니다. 이것을 증명하는 것이 비록 불가능한 것이 아니라 하더라도 대단히 힘드는 일일 것임에는 틀림이 없습니다. 오히려 나는 이 유전적인 성질의 경우, 동일한 혹은 최소한 유사한 관념을 반복해서 생산해 내는 어떤 형식적 가능성과 같은 것이 우리의 마음 가운데 있지 않을까 생각하고 있습니다. 이 가능성을 나는 〈원형(archetype)〉이라고 부르고 있습니다. 따라서 내가 말하는 원형은 어떤 의미에서 뇌(cerebrum)와 관련 있는 심혼에 특유한 구조적 특성 및 조건이 되는 것입니다.[78]

서로 상통하고 있는 역사상의 현상에 비추어 생각해 보면 만다라는 지금까지 육체 가운데 잠재상태로 있다가 이제 이끌어져 나와 다시 생명을 불어넣는 신적인 존재를 상징하고 있거나 혹은 인간의 신적인 존재로의 변화가 행해질 수 있는 그릇 혹은 장소를 상징하고 있습니다.

이러한 표현이 과학적인 표현이 아닌 형이상학적 사변과 대단히 밀접히 관련될 수 있다는 위험을 나도 알고 있습니다. 그러나 유감스러운 일이기는 하나 이것이 바로 인간의 마음이 해온 일입니다. 그리고 인간의 정신이 반복해서 생산해 온 것이 바로 이것입니다. 사실의 바탕이 없이도 훌륭하게 해낼 수 있다고 생각하는 심리학은 여기서 눈을 감지 않으면 안 됩니다. 나로서 말해본다면, 이것은 하나의 철학적 편견이며 경험과학의 입장에서는 허락되지 않는 일입니다. 우리는 이같은 표현을 사용하므로써 어떤 형이상학적 진리를 세울 수는 없을 것이라고 강조하지 않으면 안 될 것입니다. 다만 우리가 말할 수 있는 것은 인간정신이 이와 같은 방법으로 기능하다는 사실을 확인할 수 있다는 것 뿐입니다. 그리고 만다라의 환각을 본 후에 나의 환자의 정신상태가 전과는 달리 개선된 것은 하나의 사실입니다. 이 환각에 의하여 해결된 그의 문제가 무엇이었던가를 이해하고 있는 여러분은 또 무엇 때문에 그가 그토록 〈조화의 극치〉를 느끼고 있는가도 이해할 수가 있을 것입니다.

　나도 만약 그것이 가능하다면 만다라와 같은 애매모호한 경험으로부터 이끌어져 나온, 여러 가능한 결론들에 대한 고찰을 억압하는 일을 조금도 주저하지 않았을 것입니다. 그러나 이러한 종류의 경험은 불행히도 나에게는 애매하지도 않았고 추상적인 것도 아니었읍니다. 반대로 그것은 나와 같은 직업에 종사하는 사람이 거의 매일같이 접하는 보통의 사건이었습니다. 나는 단지 살기 위해서 그들의 내적 체험을 진지하게 문제로 삼지 않을 수 없는 많은 사람들을 알고 있습니다. 그들은 악마를 선택하든지 깊은 바다를 선택하든지 그 가운데서 어느 하나를 선택하는 것밖에는 선택의 자유가 없습니다. 이 경우 악마는 만다라나 혹은 이와 유사한 어떤 것이고, 깊은 바다는 그들의 노이로제에 해당할 것입니다. 악마는 최소한 영웅적인 어떤 것이 있지만 바다는 영적인 죽음을 말할 것입니다. 아무것도 모르는 합리주의자는 나에게 "당신의 방법은 마치 바알제붑(baalzebub: 악마의 왕―역주)을 통하여 악마를 쫓아내는 것과 같다. 당신은 정직한 노이로제 대신으로 거짓 종교신앙을 가지고 있다"라고 지적할 것입니다. 나는 전문적인 형이상학자는 아니기 때문에 첫번째 점에 대하여는 아무런 대답도 할 수가 없습니다. 그러나 뒤의 문제에 대하여, 지금 문제가 되고 있는 것은 신앙이 아니라 체험이라는 것을 지적하지 않을 수 없습니다. 종교체험은 절대적인 것입니다. 그것에 대하여 논의를 하는 것은 아무 소용이 없습니다. "나는 이같은 체험을 한번도 갖지 않았다."고 여러분은 말할 수 있겠지만, 여러분의 상대자는 "미안합니다. 나는 이런 체험을 했습니다."라고 대답할 것입니다. 그리고 논의는 여기서 끝나고 말 것입니다. 종교적 체험에 대하여 다른 사람이 어떻게 생각하든지 그것은 아무래도 좋을 것입니다. 종교적 체험을 가진 사람에게는, 그것은 생명과 의미와 아름다움의 원천이 되고, 세계와 인류에게 새로운 빛을 주는 위대한 재산이 됩니다. 이와 같은 사람의 마음에는 신앙과 평화가 들어 있습니다. 이러한 생활은 진정한 것이 아니라거나, 이같은 체험은 아무 효력이 없다거나, 이같은 신앙은 환상(illusion)에 지나지 않는다고 말하는 권한을 우리에게 부여해 주는 객관적 기준은 아무 데도 없습니다. 사실상 이 세상에서 우리를 살게 해주는 용기를 주는 것보다 더 좋은 진리가 있을 수 있을까요? 내가 무의식에 의하여 창출해낸 여러 상징들을 주의 깊게 고려하는 것도 이와 같은 이유에서입니다. 이와 같은 상징은 비판적인 현대인의 정신을 납득시킬 수 있는 유일한 것입니다. 이러한 상징은 그것이 압도적이라고 하는 것만으로도 극히 낡은 이유이긴 하지만 환자를 주관적으로 납득시킬 수 있는 힘을 가지고 있습니다. 〈압도적(overwhelming)〉이라는 말은 〈정복한다〉 혹은 〈납득시킨다〉는 의미의 라틴어 convincere의 영역(英譯)입니다. 노이로제를 치료하는 데는 노이로제와 똑같은 정도의 설득력을 갖지 않으면 안 됩니다. 그리고 노이로제는 극히 현실적이기 때문에 노이로제를 고칠 수 있는 체험도 그와 같은 정도의 현실성을 갖지 않으면 안 됩니다. 좀 페시미스틱하게 말한다면, 즉 그것은 현실적인 환상(illusion)이 되지 않으면 안 됩니다. 그러나 도대체 현실적인 환상과 노이로제에 효험이 있는 종교적 체험 사이에 구별이 있을까요? 그것은 다만 언어의 구별이 있을 뿐입니다. 예컨대, "인생이란 대단히 예후(豫後: prognosis)하기 나쁜 병이다. 그것은 오랫동안 방황하다 결국 죽음으로 끝막는다"라거나 혹은 "정상(normality)이라는 것은 인류 전체에게서 보여지는 체질적인 결함이다"라거나 혹은 "인간이란 두뇌가 치명적으로 지나치게 발달한 동물이다"라는 말을 할 수가 있을 것입니다. 이러한 종류의 생각은 소화불량이 되었을 때에도 항상 불평을 하지 않을 수 없는 인간만의 특권인 것입니다. 인간은 누구라도 궁극의 진리가 무엇인지 알 수가 없습니다. 그러므로 우리는 우리가 체험한 한에 있어서의 진리를 믿지 않으면 안 됩니다. 그리고 만약 이러한 체험을 한 인생이 자기를 위해서나 또 자기가 사랑하는 사람을 위해서 더욱 건전하고, 더욱 아름답고, 더욱 완전하고, 더욱 의미 있는 것이 된다면, 이 경우 우리는 안심하고 〈이것은 신의 은총이었다〉고 말해도 좋을 것입니다.

【주(註)】

1. 무의식의 자율성
The Autonomy of the Unconscious Mind

1) 도움을 주는 은총(gratia adiuvans)과 성화하는 은총(gratia sanctificans)은 〈행하여진 所業에 의한 성사(sacramentum ex opere operato)〉의 효과이다. 성사가 효과를 발휘하는 것은 그것이 직접 그리스도 자신에 의하여 정해진 제도라는 사실에 근거하고 있다. 교회는 성사와 은총을 직접 결부시킬 수 없기 때문에 〈성사행위(actus sacramentalis)〉에 의하여 은총의 〈현존〉과 효과가 생긴다고 하는, 즉 일(事蹟)과 성사(res et sacramentum)의 일체화(一體化)를 가져오는 기능을 낳게 된다. 그러므로 司祭에 의해서 행해지는 儀式은 機械因(causa instrumentalis)이 아니고 단지 奉事因(causa ministerialis)에 지나지 않는다.

2) "그러나 사실에 대한 우리의 존중은 우리 마음 가운데에 들어 있는 종교성을 약화시키지는 않았다. 사실을 존중하는 우리의 기질 자체는 거의 종교적이라고 말할 수 있을 정도이다. 우리의 과학적 정신은 경건하다(William James, Pragmatism 1911, p.14 以下)."

3) "종교는 어떤 인간 이상의 뛰어난 본질(그것을 인간은 신성한 것이라고 부르지만)에 대한 고려와 봉사를 하는 것(Religio est, quae superioris cujusdam naturae (quam divinam vocant) curam caerimoniamque affert) (Cicero, De invent, Rhetor., Lib. Ⅱ)." "宣誓한 신앙으로부터 종

교적 경건으로 증언을 한다(Religiose testimonium dicere ex jurisjurandi fide) (Cicero, Pro Coel., 55)"

4) Heinrich Scholz의 『宗敎哲學』(1921)도 이와 유사한 입장을 취하고 있다. H. R. Pearcy, A Vindication of Paul (1936)을 참조할 것.

5) J. G. Frazer, Taboo and the Perils of the Soul (1911), p. 30. A. E. Crawley, The Idea of the Soul (London, 1909), p. 82. L. Lévy‐Bruhl, La Mentalité primitive (Paris, 1922), passim.

6) Feun, Running Amok (1901).

7) M. Ninck, Wodan und germanischer Schicksalsglaube (Jena, 1935).

8) L. Lévy‐Bruhl, Les Fonctions Mentales dans les Sociétés Inférieures. Idem, Mental. prim., chap. Ⅲ, "Les Rêves"

9) Fr. Haeussermann, Wortempfang und Symbol in der alttestamentlichen Prophetie (Giessin, 1932).

10) 꿈과 그 기능에 관한 한 훌륭한 논문 가운데서 Benedictus Pererius는 다음과 같이 말하고 있다. (De Magia. De Observatione Somniorum et de Divinatione Astrologica libri tres, p.114).
"무엇보다도 신은 그같은 시간적 법칙에 구속되지 않고 활동하기 위한 기회를 잃지도 않는다. 왜냐하면, 신은 하고자 원할 때, 원하는 장소에서 원하는 인간에게 꿈을 불어 넣기 때문이다.(Deus nempe, istius modi temporum legibus non est alligatus nec opportunitate temporum eget ad operandum, ubicunque enim vult, quan-

documque, et quibuscumque vult, sua inspirat somnia…)"

또 다음과 같은 1절은 교회와 꿈의 문제 사이의 관계에 대한 흥미있는 시사를 던져 주고 있다.

"우리는 카시아누스의 校正 第22 가운데서 僧院의 장로인 마기스테르와 렉토르들이 어떤 꿈의 원인을 탐구하고 연구하는 데에 열심히 종사한다는 기술을 보기 때문이다. (Legimus enim apud Cassianum in collatione 22, veteres illos monachorum magistros et rectores, in perquirendis et excutiendis quorundam somniorum causis, diligenter esse versatos)" p.142.

페레리우스는 꿈을 다음과 같이 분류하고 있다.

"꿈이 많음은 자연적인 것이고, 어떤 것은 인간적이고, 또 상 수의 것은 신적이다.(Multa sunt naturalia, quaedam humana, nonnulla etiam divina)" p.145

그에 의하면 꿈의 원인은 4가지가 있다. ① 육체적 고통 ② 애정, 희망, 불안, 증오에 의하여 일으켜지는 걱정 혹은 격심한 마음의 동요 ③ 악령(즉 이교의 신 혹은 그리스도교의 악마)의 힘과 술책 ④ 신들로부터 보내어진 꿈.

11) Jung "Traumsymbole des Individuationsprozesses", Eranos – Jaurbuch 1935 (Zürich, 1936).
이 논문에서 인용되고 있는 꿈은 이 책에서도 언급되고 있지만, 그 논문에서는 꿈이 본서와는 다른 각도에서 탐구되고 있다. 꿈은 여러 가지 관점을 가질 수 있기 때문에, 여러 측면에서의 관찰도 허용되고 있다.

12) Freud, Traumdeutung (Vienna, 1900), Herbert Silberer, Der Traum 등에서 다루고 있는 태도는 더욱 신중하고 온건하다.

프로이트의 견해와 나 자신의 견해 사이에 있는 차이에 대하여는 졸저 『現代人의 心魂』(Modern Man in Search of a Soul)에 들어 있다.

13) 독자는 시인, 예언자, 흉폭한 광신자의 신인 Odin(北歐 傳說에서 나오는 主神, 남쪽으로 내려와서는 게르만의 Wotan이 됨—역주)과 賢人인 Mimir(Odin의 助言者인 賢者)와 Dionysos와의 관계를 참조할 것. Odin이라는 말은 mantis(그리이스語로 예언자, 占者란 뜻—역주) 및 mainomai(그리이스語로 미친(狂)이란 뜻—역주)와 어원적으로 같고, 갈(Gall)語의 Ovateis(희랍어로 巫女란 뜻—역주), 아일랜드語의 faith(巫女의 뜻—역주), 라틴語의 Vates(詩聖, 예언적 시인의 뜻—역주) 등과 관계를 갖고 있다. Martin Ninck, Wodan und germanischer Schicksalsglaube (1935).p.30 以下.

14) Wotan, Neue Schweizer Rundschau, Heft 11에 수록됨 (1936). 니이체의 저작으로 Wotan과 상응하는 것이 보여지는 곳은 ① 1863년부터 1864년까지 나온 詩 "To the Unknown God" ② Also sprach Zarathustra p.366에 나오는 "Klage der Ariadne" ③ Also sprach Zarathustra p.143, p.200 ④ E. Foerster–Nietzsche (니이체의 누이) 가 쓴 Der Werdende Nietzsche (1924) p.84

15) 신의 양성적 성격에 대한 헤르메스교 문헌 Corpus Hermeticum은 아마도 플라톤의 『향연』 제14장에서 비롯했을 것이다. 중세 후기의 hermaphrodite에 대한 序述이 "Poimandres"에서 유래되었는지 어떤지는 의문이다. 왜냐하면, hermaphrodite는 1471년에 Marsilius Ficinus에 의하여 Poimandres가 인쇄에 붙여지기까지는 서양에서는 실제로 알려지지 않았었기 때문이다. 따라

서 hermaphrodite라는 관념은 당시에 드물게 밖에는 사용하지 않았었는데, 그리이스어의 학자 한 사람이 당시에 존재하고 있던 그리이스語 古寫本의 하나(예를 들면 14세기의 Laurentianus 寫本, 파라 그리이스古寫本 (14C), Vaticanus Graec 도서관에 보관된 그리이스古寫本)로부터 취했다고 할 수 있다. 이 이상으로 古寫本은 존재하지 않는다. Marsilius Ficinus에 의한 최초의 라틴語譯은 하나의 센세이션날한 효과를 가져왔다. 그러나 그 이전에 1417年에 나타난 뮌헨 王立圖書館所藏의 독일어 古寫本에는 hermaphrodite에 대한 상징이 몇 개 실려져 있다. 더욱 사실에 가깝다고 여겨지는 것은, 이 hermaphrodite의 상징은 11세기 및 12세기에 아라비아語나 시리아語로부터 번역된 寫本에서 나왔으리라고 추정하는 것이다. 古라틴語文書에서 아라비아系統에서 강하게 영향받고 있는 Abicennae의 小論에는 다음과 같은 문구가 보여지고 있다. "(靈液) 그 자신이 增殖하는 뱀이다. 또 스스로 受胎하는 뱀인 것이다"〔(Elixir) Ipsum est serpens luxurians, seipsum impraegnans〕 이 책은 Avicenna의 僞作으로 Ibn Sina (970~1037)의 것은 아니었지만 헤르메스교의 中世 아라비아語, 라틴語文獻의 하나로 간주되었다. 또 이와 똑같은 文句는 "Rosinus ad Sarratantam"라고 하는 논문 가운데서도 볼 수 있다. Rosinus라는 말은 3세기 그리이스의 新플라톤派 哲學者 Zosimos라는 이름이 아라비아語와 라틴語의 영향을 받아서 전화한 것이다. Zosimos의 "Ad Sarratantam"이란 논문도 동일계통의 문헌이다. 그리고 이 두 文獻의 유래는 아직 완전히 알려져 있지 않으므로 누가 누구로부터 筆寫한 것인가는 아무도 말할 수 없다. 아라비아系 라틴語文書인『賢者의 무리, 說敎第65(Turba Philosophorum, Sermo LXV)』에서도 똑같이 hermaphrodite를 풍

자한 곳이 보인다. "구성하여서 자기 스스로를 發芽한다(compositum germinat se ipsum)." 내가 탐구한 바에 따르면, hermaphrodite를 취급한 것이 분명히 나오는 최초의 文獻은 『黃金을 가져오는 기술에 대하여』第1部 575項 以下에 수록된 『著者不明의 化學技術書(Liber de Arte Chimica incerti autoris)』이다. 즉 610페이지에는 다음과 같은 말이 보인다. "이 水銀은 실로 모든 金屬이다. 남성인 동시에 여성이고, 정신과 육체의 결혼에 의해 출생한 兩性具備의 괴물이다(Is vero mercurius est omnia metalla, masculus et foemina, et monstrum Hermaphrodetum in ipso animae et corporis matrimonio)" 더 새로운 文獻 가운데서는 다음과 같은 것을 들 수 있다. Pandora (1588, 독일어판), "太陽의 光輝(Splendor Solis)", Michael Majer의 『12國民의 黃金食卓의 象徵(Symbola aureae mensae duodecim nationum)』, 같은 저자의 『도피하는 아틀란타(Atalanta Fugiens)』, J. D. Mylius의 『새로운 哲學(Philosophia Reformata)』(1622)

2. 도그마와 자연적 상징
Dogma and Natural Symbols

16) 主敎에게는 개인적인 미사에서도 사용하는 것이 허용되고 있다. 이와 똑같이 보통보다 더 장엄한 어떤 미사(예컨대, 唱미사: Missa Cantata)에도 4개의 촛불이 사용되고, 이보다 더 상급의 미사에도 6개 혹은 7개의 촛불이 사용되고 있다.

17) Origenes, in Jerem. hom., XX, 3.

18) Eduard Zeller의 『그리이스인의 哲學(Die Philosophie der Griechen)』에는 모든 자료가 수비되어 있다. "4는 영원한 자연의 원리이며 근원이다." 플라톤도 물체는 4에서 나왔다고 말하고 있다. 新플라톤의 철학자들의 설에 의하면, 피타고라스 자신도 심혼은 하나의 4각형으로 되어 있다고 말하고 있다.

19) 그리스도교 상징학에서 4는 주로 하나의 "장미", "원", 혹은 멜로테시아(melothesia) 가운데 끼워 넣어진 4복음 사도 및 그 상징의 형태를 취하고 나타나거나, 혹은 예컨대, Herrad von Landsperg의 『환락의 정원(hortus deliciarum)』 및 신비주의자들의 저술 가운데서 tetramorphus(4개의 형태를 가지고 있다는 뜻-역주)로서 나타나고 있다. 나는 다음의 것을 언급하려고 한다.
① Jakob Boehme, XL Questions concerning the Soule propounded by Dr. Balthasar Walter and answered by Jacob Behmen.(London, 1647)
② Hildegard von Bingen, Cod. Lucc., fol. 372, Cod. Heidelb. Scicias, 神秘的인 우주의 표상을 나타냄. S.

Ch. Singer, Studies in the History and Method of Science (1917)

③ Opicinus de Canistris의 훌륭한 그림 Cod. Pal. Lat. 1993, Vatican Libr. S. R. Salomon, Weltbild und Bekemtnisse eines avingnonesischen Clerikers des 14 Jahrhunderts, 1936.

④ Heinrich Khunrath, "the monas catholica" 여기서 monas는 그리스도교의 像, 比喩로서 해석되고 있다.

⑤ 十字架에 대한 瞑想, S. W. Meyer, Die Geschichte des Kreuzholes vor Christus 를 參考할 것.

20) Isidoros, Valentinos, Markos, Sekundos의 體系를 참조하였다.
가장 교훈을 주는 例는 Brucianus의 Monogenes의 象徵이다. (Bruce Ms. 96, Bodleian Libr., Oxford, C. A. Baynes, A Coptic Gnostic Treatise, etc. [1933] p. 59, p.70 以下)

21) 무의식의 定義에 대해서는 Psychological Types (1923) p.613을 參考할 것.

22) Two Essays (1928), p.252 以下.

23) Claudis Popelin, Le Songe de Poliphile on Hypnérotomachie de Frère Francesco Colonna (Paris, 1883)을 參考할 것. 이 책은 아마도 15세기에 어떤 僧侶에 의해 쓰여졌을 것이다. 그것은 〈아니마 神秘〉의 좋은 예가 될 것이다.

24) 神父가 입는 의복은 단순한 장식이 아니라 미사를 행하는 司祭를 보호하는 의미를 지니고 있다.

25) 원형(archetype)이라는 말은 Cicero, Pliny, 그 밖의 사람들에 의해 사용되고 있다. 그것이 분명히 철학용어로 나온 것은 『헤르메스派文獻集成』 第1卷에서이다. W. Scott, Hermetica, Ⅰ, 116에 다음과 같은 구절이 보인다. "여러분을 본다. 마음 가운데서 原型의 이데아를, 원초의 진정한 근원인 이데아를, 무한한 이데아를 여러분은 본다."

26) Adolf Bastian, Das Beständige in den Menschenrassen (1868), p.75. Idem, "Die Vorstellungen von der Seele" (in Virchow u. Holtzendorff, Wissenschaftl. Vorträge 1874, p.306). Idem, Der Völkergedanke im Aufbau einer Wissenschaft vom Menschen (1811). Idem, Ethnische Elementargedanken in der Lehre vom Menschen (1895).

27) 니이체는 『人間的, 너무나 人間的』 Ⅱ. 27에서 다음과 같이 말하고 있다. "잠과 꿈 가운데서 우리는 인류가 일찍이 거쳐 온 과제를 다시 한번 경험한다. 즉 현재의 인류가 꿈 속에서 행한 것과 똑같은 추론을 옛날의 인류는 수천 년에 걸쳐 깨어 있을 때에도 행하여 왔던 것이다. 당시에는 설명을 요하는 어떤 것을 설명하려고 하는 경우, 인류는 자기의 머리에 떠오른 최초의 원인(causa)만으로 만족하였고, 그것이 진리라고 믿어졌다. 우리가 이어받은 人類最古의 유산은 꿈 속에서 지금도 활동하고 있다. 왜냐하면, 더욱 높은 이성이 발달하여 온 것, 모든 인간의 내부에서 아직도 발달하고 있는 것도 이 人類最古의 유산에 기초하고 있기 때문이다. 꿈을 통하여 우리는 인류문화의 초기상태로 되돌아감과 동시에 그것을 보다 잘 이해할 수단을 얻을 수 있는 것이다.

28) Hubert et Mauss, Mélanges d'Histoire des Religions (Paris, 1909) "카테고리는 별로 필요가 있다고 생각되지 않는다고 해도, 사실에 있어서는 항상 언어 가운데 포함되어 있고, 보통 대부분의 경우에는 그 자신이 무의식인 채로 의식의 기본적 습관이라는 형태로 존재하고 있다. mana의 개념도 그와 같은 개념의 하나이다. 그것은 언어 가운데 포함되어 있고, 마나의 성질에 응하여 무수한 판단이나 논의 가운데도 들어 있다. 앞에서 우리는 mana는 하나의 카테고리라고 말했다. 그러나 mana는 미개인의 사고에서 특유한 하나의 카테고리일 뿐만 아니라 얼마쯤 퇴화하여 버린 것, 오늘날 우리의 정신 가운데서 항상 활동하고 있는 다른 카테고리(즉 실체의 카테고리와 원인의 카테고리)의 최초의 형태인 것이다

29) L. Lévy-Bruhl, Les Fonctions Mentales dans les Soicétés Inférieures (M. E. Durkheim, Travaux de l'Année Sociologique)

30) tetraktys 심리학에 대하여는 Secret of the Golden Flower, p.96.

31) 이 문제를 훌륭하게 논한 것으로 Michael Majer, De Circulo Physico Quadrato, etc. (1616)을 참조.

32) Plato, Timaeus, 7. J. Ch. Steebus, Coelum Sephiroticum (1679), p.15.

33) Steebus, Coelum Sephiroticum, p.19. M. Majer(De Circulo, p.27) "연원의 상징인 원, 혹은 분할할 수 없는 일점(circulus aeternitatis symbolum sive punctum indivisibile)", "둥그런 원소"에 대하여는 Turba Philosophorum(ed. Ruska, Sermo XLI, p.148)을 참조할 것.

여기에서 "4가 되는 원(rotundum quod aes in quatuor vertit)"이라는 말이 언급되어 있다. Ruska는 그리이스 문헌에는 이와 유사한 상징이 나오지 않는다고 말하고 있지만, 그것을 그대로 신용할 수는 없다. 왜냐하면 Zosimos의 『여러 器官에 대하여』 가운데에는 〈球體의 元素〉라는 말이 나오고 있기 때문이다(Berthelot, Coll. d. Anciens Alchémistes Grecs, Ⅲ, XLIX, 1). 아마도 이와 동일한 상징은 Zosimos의 『포이에마(Poiema)』에도 〈페리에코니스메논(Periekonismenon)〉이란 형태로 나타나고 있다. 이 페리에코니스메논을 Berthelot은 〈원형적 대상(objet circulaire)〉이라고 번역하고 있는데 이 번역의 원어의 의미를 정확히 전달하고 있느냐에 대하여는 크게 의문의 여지가 있다. Zosimo에서 하나의 예를 들어보면, 오히려 이른바 〈오메가 元素〉라는 말이 좋지 않을까. Zosimo 자신은 그것을 원이라고 말하고 있기 때문이다. 물질 가운데 있는 창조적인 〈點〉이라는 관념에 대하여는 Musaeum Hermeticum(1678)가운데서 『새로운 빛(Novum Lumen)』, p. 559에 서술되어 있다. "왜냐하면 어떤 물체에도 중심과 위치, 즉 종자 혹은 씨의 一點이 존재하고 있기 때문이다(Est enim in quolibet corpore centrum et locus, vel seminis seu spermatis punctum.)" 이 點은 "신으로부터 출현한 점(punctum divinitus ortum)"이다. 이 경우 문제가 되고 있는 것은 panspermia("모든 것의 씨"의 뜻—역주)로서, 이에 대하여는 Athanasius Kircher가 『地下의 世界(Mundus Subterraneus)』 347페이지에서 다음과 같이 말하고 있다. "또 그 성스러운 신탁으로부터 다음과 같은 것을 말할 수 있다. 태초에 모든 사물의 창조자인 신은 우리가 혼돈적이라고 부르는 사물의 원질을 無로부터 창조하였다. …그리고 그 원질 가운데는 무엇이 있는가… 예를 들면 panspermia로서 혼돈으로 잠겨 있는 것이나… 혹은 그와 함께 있는 신성한 영의 잠재에 의하여 풍부하게 된 原質로부터 후에 모든 것을 낳게 되었다…. (Latin語 原文은 생략함—역주).

이러한 관념은 그 기원을 그노시스派 哲學에서 〈降下〉 혹은 〈神性의 타락(Religious Thought and Heresy in the Middle Ages)〉(1918), p.554 以下. Reitzenstein, Poimandres(1904), p.50: G. R. S. Mead, Pistis Sophia (1921) p.36. 以下: idem, Fragments of a Faith Forgotten (2d ed, 1906) p.470.

34) "바다에 뼈도 가죽도 없는 둥근 물고기가 있다. 그리고 자신 가운데 脂肪을 축적하고 있다(Est in mari piscis rotundus, ossibus et corticibus carens, et habet in se pinguedinem)." (=humidum radicale(基礎物質)=anima mundi(原質에 포함된 世界의 靈))

35) Timaeus, p.7.

36) cf. Note 21. "황금도 가시적인데… 형태 및 운동에 있어서 둥근 하늘과 같기 때문이다(Nam ut Coelum, quoad visibile,… rotundum in forma et motu,… sic Aurum)(M. Majer, De Circulo, p.39)."

37) "Rosarium Philosophorum"(in Art. Aurif., etc. 1593 Ⅱ. 261) 이 논문은 13세기 중엽에 Toledo에 거주하고 있던 Petrus Toletanus의 作이라고 말하고 있다. 그는 유명한 의사이고 철학자였던 Villanova의 Arnaldus형제 혹은 年長의 동시대인이라고 일컬어지고 있다. 1550년의 초엽의 것이라고 알려져 있지만 전체적으로는 15세기 이상 거슬러 올라가지는 않는다고 추정된다.

38) Symposium, XⅣ.

39) 聖토마스 아퀴나스著『새벽, 별명, 황금의 때』참조. 1625년 발행의 회귀본 Harmoniae Imperscrutabilis Chymico- Philosophicae sive Philosophorum Antiquorum Consentientium Decas Ⅰ, Francofurti apud Conrad Eifridum. 이 논문에서 가장 흥미있는 제1부『比喩論』에서 不敬이라는 이유로『黃金을 만드는 기술(Artis Auriferae)』의 1572년 판 및 1593년 판에는 수록되어 있지 않다. 쮜리히의 중앙도서관 소장의 Rhenovac 古寫本에서는『比喩論』의 약 4장이 탈락하고 있다. 파리국립도서관 소장 파리 古寫本 중의 라틴 文集 14006에는『比喩論』이 全文 게재되어 있다.

40) D. Gnosius의『헤르메스敎黃金論(Tract. Aur. Hermetics)』p.672 以下 및 Mangeti編『化學(Chem.,)』p.400 以下에서 대단히 참고가 되는 예를 하나 들고 있다.

41) Aurea Hora, loc. cit., Note 29. Zosimos.

42) "Erlösungsvorstell, i. d. Alchemie". Eranos-Jahrbuch 1936, p.20 以下.

43) 이 방면의 개론서로서 가장 초기의 것 중의 하나인『현자의 로자리오』에는 주세기의 4에 대한 총괄적인 설명이 충분히 나타나고 있다.

44) 그리스도가 인간의 성격을 띠고 있다는 도그마에 대해서는 여기서 논하지 않겠다.

45) 주로 연금술적 전설(교훈적 이야기: Lehrerzählungen)을 포함하고 있는 저작을 참조하고 있다. 하나의 좋은

예는 상징적인 〈방랑(peregrinatio)〉을 포함하고 있는 M. Majer, Symbola aureae mensae duodecim nationum (1617)(『12國民의 黃金食卓의 象徵』) p.569 以下에 있다.

46) 내가 아는 한 鍊金術의 文獻에서 교회의 박해에 관하여 불평을 전하는 것은 전혀 없다. 보통 鍊金術書의 저자들은 비밀을 보존하는 이유의 하나로써 마기스테리움(Magisterium: 고대 연금술의 용어로, 어떤 물질 가운데 포함되어 있는 가장 귀중한 성분, 에센스—역주)이 지닌 굉장한 비밀을 들고 있다.

47) Pandora (1588)를 보라. 마리아의 승천이라는 형태를 취한 육체의 찬미를 참조. "진리는 지상으로부터 온다. 그리스도가 처녀로부터 태어났기 때문에(Veritas de terra orta est, quia Christus de virgine natus est)"(說敎集, 188, Ⅰ, 5, p.890)

3. 자연적 상징의 역사와 심리
The History and Psychology of a Natural Symbol

48) Psychology of the Unconscious.

49) 이것은 옛부터 있던 우로보로스(ouroboros, 꼬리를 먹는다는 뜻—역주) 상징의 반복이다.

50) 동양에서 이와 유사한 것의 하나는 중국의 錬金術書 『黃金꽃의 비밀(The Secret of the Golden Flower)』 (Wilhelm과 Jung의 共著) 가운데 나타나고 있는〈빛의 순환(circulation of the light)〉이 있다.

51) Wallis Budge, Osiris and the Egyptian Resurrection, Ⅰ, 3: idem, Book of the Dead, 圖版 5 참조. 7세기의 古寫本에서는 福音書의 著者들은 인간의 머리 대신에 상징적인 동물의 머리로 묘사되었다.

52) Secret of the Golden Flower (1929) 중에 있는 예를 참조할 것

53) Kazi Dawa-Samdup, "Shrichakrasambhara Tantra." (Tantric, 敎典集)

54) Abbé Joseph Delacotte, Guillaume de Digulleville, Trois Romans – Poèmes du ⅩⅣe Siécle (Paris, 1932)

55) R. Eisler, Weltenmantel und Himmelszelt, Ⅰ, 85

56) 토마스 문서(Acts of Thomas) (Mead, Fragments, p.422 以下)에 보이는 神에 대한 부름을 참조.

57) 그노시스파에서는 4라는 상징은 분명히 여성적 성격을 띠고 있다. Irenaeus, Advers. Haer., cap. Ⅵ 참조.

58) 아니마에 대하여는 Jung, Psychlogical Types, p.588 以下에서 定義 제48과 49를 참조하라.

59) 보통 잊고자하여 잊는 경우, 意識的·意志的으로 不快한 일을 排除하려는 경우와 無意識的·無意志的으로 의식하지 않게 되는 경우를 구별하여 리버스는 前者를 repression이라 하여 적극적으로 마음 속에서 몰아내는 일을 뜻하며, 後者 즉 프로이트적 의미를 억압을 suppression이라 하여 구별한다.―역주

60) 이 그림자의 同化吸收에 대하여는 Psychological Types, p.203 參考

61) 티벳트의 불교에서는 4개의 색은 인간의 심리적 성질과 관계한다(지혜의 4형태). Evans-Wentz, The Tibetan Book of the Dead (1927) p.104 以下를 참조.

62) Jung, Psychological Types에서 定義 제51을 참조.

63) 만다라의 심리에 대하여는 Jung, Secret of the Golden Flower (1931) p.96 以下를 參照할 것.

64) Jung, Psychological Types, p.585, 定義 제46조.

65) Hauer, "Symbole und Erfahrung des Selbstes in der Indo-Arischen Mystik", Eranos-Jahrbcuh 1934, p.35.

66) 아니미즘 이론의 밑바닥에는 이 사실이 숨어 있다.

67) 융의 생각을 따르면 가령 대중의 인기를 얻고 있는 사람

이 자기 자신과 자기의 직무를 동일시하여, 즉 자기 자신을 비정상적으로 확대하여 외부에 있는 것까지 자기 자신의 것이라고 확대하는 경우가 이에 해당한다. 〈국가는 짐이다(L'état-c'est moi)〉라고 말한 불란서 루이 14세의 말이 대표적이다—역주

68) Berthelot, Alch. Grecs., Ⅳ, ⅩⅩ을 참조. 이것은 F. Sherwood Taylor, "A Survey of Greek Alchemy." Journ. of Hellenist. Stud.,에 의하면 제1세기의 그리이스어 텍스트로서는 아마도 가장 오래된 것일 것이다. J. Hammer Jensen, Die älteste Alchemie (1921) 참조.

69) Berthelot, Alch Grecs., Ⅲ. Ⅰ 以下

70) Scott, Hermetica (1924)

71) 예컨대, 위(僞)데모크리토스는 유성메르큐리(水星에 해당—역주)의 영에 의해 여러 가지 비밀을 밝혀 주고 있다.

72) 敎父學的인 文獻에 보이는 비유학적인 스타일의 말이 鍊金術師들에게 영향을 미치고 있었다는 사실을 추정하기는 어렵지 않다. 연금술사들 자신이 이미 大 Albertus Magnus, Thomas Aquinas, Alanus de Insulis 등과 같이 萬能術(Royal Art)의 代表者라고 부르고 있다. Aurea Hora (떠오르는 새벽빛)과 같은 문헌에는 성서에서와 같은 비유적인 설명이 충만되어 있다. 더욱이 저자는 Thomas Aqinas라고까지 하고 있다. 어쨌든 성령의 비유(allegoria spiritus sancti)로서는 물이 사용되고 있다. 예를 들면, Aqua viva gratia Sp. S. (『성령에 의해 생긴 물』: Rupert abb. Migne編, 敎父全集 169의 353), Aqua fluenta Sp. S (『성령이 흐르는 물』S. Bruno

Herbipol, 前揭書 142의 293), Aqua S. Sp. infusio (『성령의 灌水』: Garner de S. Victore, 前揭書 123의 279). 이 물은 또 〈그리스도의 人間性의 比喩(allegoria humanitatis Christi)〉이다(S. Gaudentius, 前揭書 20의 985). 그 물이 이슬의 형태로 나타나는 수도 자주 있다 (ros Gedeonis 參考). 이슬은 또한 그리스도의 비유이다. 예를들면, 〈불 가운데서 이슬이 보인다(ros in igne visus est)〉(S. Roman, De Theophania: J. B Pitra, Analecta sacra, etc. Paris, 1876, Ⅰ, 21) 〈지금 지상에 게데온의 이슬이 흐른다(Nunc in terra ros Gedeonis fluxit)〉 (S. Roman, 前揭書 p.237 參照)가 그것이다. 鍊金術師들은 〈영원한 물(aqua permanens)〉은 육체를 정신으로 변형시켜, 거기에 不死性을 부여하는 힘이 있다고 상상하고 있다(Turba philosophorum, ed. Ruska. 1931, p.197). 이 물은 또한 초(acetum)라고도 부르고 있다. 예를 들면 前揭書 p.126에는 〈그로부터 神이 그 業을 完成하고 物體가 精靈을 받아들여 靈的인 存在가 되는 초(quo Deus perficit opus, quo et corpora spiritus capiunt et spiritualia fiunt)〉라는 말이 있다. 또 물은 〈靈의 피(spiritualis sanguis)〉라고도 한다.(前揭書 p.129). Ruska에 의하면, 이 Turba philosophorum(賢者의 무리)은 9세기에서 10세기 사이에 편집된 아라비아語 原典으로부터 12세기에 번역된 初期 라틴어語論文이었다는 것이다. 그러나 內容으로는 헤레니즘시대의 문헌에 의거하고 있다. 〈靈的인 피〉라는 그리스도교적인 觀念은 비잔틴의 영향으로부터 생긴것이다. 〈영원한 물〉은 〈살아있는 銀(argentum vivum)〉, 즉 水銀(Hg)이다. "우리의 살아 있는 銀은 우리의 가장 빛나는 물이다 (Argentum vivum nostrum est aqua clarissima nostra)" (Rosarium philosophorum, Art: Aurif., 2.213). 또 이

물은 불(fire)이라고 하기도 한다. 肉體가 물과 불에 의하여 변해진다고 하는 觀念은 세례와 그 정신적 변화라는 그리스도교의 관념과 완전히 일치한다.

73) 『로마 祈禱書(Missale Romanum)』이 樣式의 기원은 오래된 것으로〈소금과 물에 의한 小(혹은 大) 祝福式(benedictio minor(major) salis et aquae)으로서 8세기 이래 알려지고 있다.

74) Bertbelot 編 {古代 그리이스 鍊金術著作集}에〈女預言者 이시스가 그 아들에게 말함(Isis, the Propbetess to Her Son)〉에서, 한 天使가 이시스에게 투명한 물을 채운 작은 그릇(즉 秘密(arcanum))을 가지고 온다. 이것은 헤르메스의 크라테르(krater) 및 Zosimos에서도 이와 동일한 것(이 경우 그릇에 가득차 있는 것은 理性(nous)이다)이 나오는데, 이와 대응하는 것이라고 할 수 있다. Bertbelot 編 前揭書에 있는 僞데모크리토스의 {自然과 神秘에 대하여}에는〈神的인 물〉은〈감추어진 自然〉을 표면으로 이끌어 냄으로써 肉體의 靈化를 야기시킨다고 말하고 있다. Komarios의 論文에서는 새로운 봄을 이끌어 내오는 기적의 물이 논해지고 있다(Bertbelot, 前揭書 2. 281).

75) Gnosius는 원래 들어 있는 4를 논하는 곳에서 우리의 아담的인 헤르마푸로디투스(Hermaphroditus noster Adamicus)라는 말을 사용하고 있다(Hermetis Trismegisti Tractatus vere Aureus, etc., cum Scholiis Dominici Gnosii, 1610, pp.44., 101). 中心은〈敵사이에 平和를 가져오는 仲介者(mediator pacem faciens inter inimicos)〉라고 불려지며, 그것이 통합을 가져오는 상징임이 분명하다(Jung, Psychological Types, p.264 以

下). 헤르마푸로디테는 〈자신을 잉태하는 뱀(draco se ipsum impraegnans)〉에서 온 것인데(Art. Aurif., Ⅰ. 303), 이 뱀은 메르큐리, 세계의 心魂(anima mundi)인 것이다.(M. Majer, Symb. our. mens., p.43 및 Berthelot, Alch. Grecs, Ⅰ. 87) 〈꼬리를 탐해 먹는 것(Ouroboros)〉은 헤르마푸로디테의 상징이다. 헤르마프로디테는 레비스(Rebis)— 즉「두 개로 만들어졌다」— 라고 불려지고 있는데, 이따금 여러 신의 형태를 취하고 나타나고 있다(Art. Aurif., Ⅱ. p.291, 359에 보이는 Rosariam Philosopharum).

76) 『黃金의 때(Aurea Hora)』第1부에는 Senior로부터 인용한 다음과 같은 말이 있다. "끊임없이 증대하여 지속하기 때문에 결코 죽지 않는 하나가 있다. 죽음이라는 최후의 부활에서 육체가 영광을 부여받을 때, 제2의 아담은 비로소 아담 및 그 자식들에게 〈너희들 아버지의 축복을 받는 자여, 오너라〉라고 말할 것이다(Est unum quod nunquam moritur, quoniam augmentatione perpetua perseverat: cum corpus glorificatum fuerit in resurrectione novissima mortuorum… Tunc Adam secundus dicet priori et filiis suis: Venite benedicti patris mei)."

77) 예를 들면 12세기의 인물이었다고 생각되는 Alphidius는 다음과 같이 말하고 있다. "새로운 빛은 그들로부터 나온다. 전세계를 통하여 이 빛과 유사한 빛은 존재하지 않는다(Lux moderna ab eis gignitur, cui nulla lux similis est per totum mundum)"(Art. Aurif., Ⅱ. 248)

78) Psychological Factors Determining Human Behavior, Harvard Tercentenary Publications, 1936.